SECRETS OF THE
MILLIONAIRE MIND

ミリオネア・マインド

大金持ちになれる人

ハーブ・エッカー 著
本田 健 訳・解説

三笠書房

はじめに……あなたが今まで読んだお金に関する本の中で最も重要な一冊!

この本は、私自身の成功談と、私のセミナーに参加した何千人という人々の驚くべき変貌をこの目で見た結果として生まれた。私はこの本が、あなたが今まで読んだお金に関する本の中で、最も重要な一冊になるのではないかと思っている。

なぜ、金持ちになることが運命づけられている人がいる一方、悪戦苦闘の人生から抜け出せない人がいるのか……本書ではこの「謎の部分」を明らかにしていきたい。

読者の中にもいると思うが、私も「可能性に満ちあふれているが、結果の伴わない人間」の一人だった。成功に関する本はすべて読んだし、テープもすべて聞いたし、ありとあらゆるセミナーも受講した。自分でも、動機が金持ちになることなのか、達成感なのか、両親からのほめ言葉なのかはわからなかったが、ほとんどビョーキのように成功というテーマにとりつかれていた。

二十代では、一攫千金を夢見ていくつかのビジネスを興したが、馬車馬のように働いても、失敗ばかりだった。「ネッシー病」にかかっていたのだ（利益という言葉を聞いたことはあるが、実際に自分の目で見たことがないというわけだ）。うまくいくビジネスさえ見つけられれば、流行に乗れさえすれば、絶対に成功できると確信していたが、何一つとしてうまくいかなかった。

そこで、私は自分の心の中を注意深く調べてみた。

すると、**口では金持ちになりたいと言いながら、心の深層では金持ちになることを恐れていた**ことに気づいた。失敗したらどうしよう、財産を築いた後に、また一文無しになったら笑いものになるなど、不安がうずまいていた。

しかし、ある日、運命の女神が微笑むように、父の大金持ちの友人がアドバイスをくれた。この時、私はと言えば、三度目の事業に失敗して、両親の家の地下室に居候させてもらっていた。彼は、まるで葬式で遺族に会う時のような目で私を見た。

「ハーブ、私が駆け出しの頃は、お前と同じで失敗ばかりだったよ」

私は下手な同情をしてくれなくてもいいのにと思った。彼はこう続けた。

「私の人生を一変させたアドバイスを君にも伝授してやろう。ビジネスが自分の思い通りにいかないのは、何か君の知らない秘密があるってことさ。君は、金持ちというやつは、ほとんどみんな同じ考え方をしているのを知ってるか。

「科学的に証明されているわけじゃないが、金持ちになれる人とお金に縁のない人とは思考回路が違うんだ。この思考回路の違いが行動のパターンを決め、ひいては人生を左右する。だから、金持ちと同じように考え、行動できたら、成功できると思わないか」

この言葉が、私の脳裏にしっかりと焼きついた。

そして、この言葉をきっかけに、私は心理学の本を読みあさり、とくに成功者や金持ちの心理を徹底的に研究した。すると、金持ちの思考回路は、全くと言っていいほど、お金に縁のない人とは違っていた。

私は、「金持ちの思考回路」を実際の商売で試してみようと考え、新しいビジネスを始めることにした。当時、健康とエクササイズに凝っていた私は、流行の先端をいくフィットネス機器の店を出すことにした。一文無しだったので、クレジットカードで二千ドル（二十二万円）を借りての出発だった。

そして、その効果はと言えば、それはすばらしいものだった。

フィットネスの事業は考えていた以上に成功し、わずか二年半で十店舗を展開、その後フォーチュン五〇〇の大企業に会社の株式を半分売って、百六十万ドル（一億七千六百万円）を手にした。

このお金で悠々自適の生活を送りながら、私は個人面談によるビジネス・コンサルティングを始めた。効果は絶大だったと見えて、一度コンサルティングをした顧客がリピーターになり、私の評判は口コミでも広がって、十〜二十人単位のセミナーを始めるのに時間はかからなかった。

そして今では「お金と心の関係」をテーマにした「ミリオネア・マインド集中講座」を全米各地で開催し、多くの成功者、金持ちを誕生させている。

同じセミナーに出て、同じテキストを使い、同じ原則や戦略を学んでも、あっという間に成功する人と全く変化が出ない人がいる。その秘密は、「お金の設計図」にある。

「お金の設計図」は心の中にあるが、ここに金持ちの思考回路、つまり〝ミリオネア・マインド〟を書き込めば、あなたの将来に向けて豊かさの扉が開かれる。そして、触れたものをことごとく金に変えてしまう、ミダス王の「黄金の手」が自分のものになるだろう。

もくじ

I　金持ちになれる人、お金に縁のない人――
この「お金の設計図」が決め手！

1　「お金」と「心」の不思議な関係
……なぜ多くの人がお金に縁のないまま一生を終わるのか？

Ⅱ

あなたも大金持ちになれる！ 17の「ミリオネア・マインド」

I

金持ちになれる人、お金に縁のない人――

この「お金の設計図」が決め手！

1

「お金」と「心」の不思議な関係

……なぜ多くの人がお金に縁のないまま一生を終わるのか？

Millionaire Mind

人はみな、二元性の世界に生きている。上と下、明と暗、暑さと寒さ、内と外、右と左など、例を挙げればきりがない。一つの極が存在すれば、もう一方の極が必ず存在する。左がない世界で右は存在するだろうか。答えは否である。

これと同じ論理で、「外面」のお金のルールがあれば、当然、「内面」のお金のルールがある。「外面」のルールとは、ビジネスの知識、資産運用法、投資戦略などを指す。たしかにどれも大切だが、「内面」のルール、つまり、性格、思考、信条などの内面的要素はさらに重要である。これが、成功の度合いや、手にするお金の大きさを決めると言っても過言ではない。

さて、あなたはどんな人物だろうか。どんな考えを持ち、何を信じているか。どんな口グセがあり、どんなことを習慣にしているか。自分に自信があるか。他人とうまくつきあえるか。他人をどこまで信用できるか。自分は富を手にするべき人間だと確信しているか。恐れや不安に負けずに目標を達成するだけの強靭さがあるか。やる気をくじかれても、あきらめずにやり通せるか。

私の好きな作家、スチュアート・ワイルドはこう言っている。

「自分のエネルギーのレベルを上げることが成功の秘訣だ。エネルギーにあふれた人の周りには自然と人が集まってくるものだ。人が集まってきたら、どんどん請求書を渡していけばいい」

無意識に〝お金とチャンス〟を浪費する人たち

「経済的に自滅する人」は少なくない。一夜にして大儲けをして、すぐにスッてしまう人や、うまい具合にビジネスをスタートさせても、すぐ傾けてしまう人たちのことだ。

彼らは、運が悪かったとか、不況だからとか、パートナーが悪かったとか、理由を並べ立てる。だが、それは所詮、言い訳に過ぎない。お金を扱う才覚のない人は、たとえ大金を手にしても、十中八九、それを手放す運命にあるのだ。

世の中の大多数の人は巨万の富を手に入れても、それをうまく運用し、さらに増やしていくだけの才覚がない。手にしたお金や成功の度合いが大きくなるほど、扱いは難しくなる。世の中の大半の人が「お金に縁のない」まま終わる最大の理由は、ここにある。

典型的な例が宝くじの当選者だ。せっかく手にした巨額のお金も、ほとんどの当選者がいつのまにか失ってしまうことが追跡調査で証明されている。結局は、**自分でうまく扱える程度のお金しか手元に残らない**というわけだ。

たたき上げの大金持ちは、これとは正反対だ。自分の手で富を築いた金持ちは、たとえ全財産を失ったとしても、短期間で取り返すことが多い。

そのいい例がドナルド・トランプだ。一時期は何億ドルという資産を持っていたが、一度すべてをなくした。しかし、その後ほんの二、三年で、取り戻すどころか、さらに財産を増やした。

なぜ、こんなことが起こるのか。**たたき上げの大金持ちは、たとえ財産をなくしても、成功に一番必要な才覚、「ミリオネア・マインド」を失ってはいない**からだ。

ドナルド・トランプが扱えるお金のレベルは、億万ドル（百億円）レベルにセットされている。一般人の大半は、百万ドル（一億円）どころか何千ドル（数十万円）のレベルにセットされているだろう。何百ドル（数万円）のレベルの人もいれば、マイナスのレベルにセットされている人さえいる。マイナスの人は、自分の懐がいつもどうしようもなく寒いのはなぜなのか、想像もできないはずだ。

残念なことだが、**大多数の人が自分の可能性を最大限に生かせぬままに一生を終わるのが現実だ。**成功する人は少ない。経済的に余裕があると感じることも、心から幸せだと思うこともなく人生を終える人が全体の八割を占めることが、調査で明らかになっている。

その理由はきわめて単純だ。大半の人は、まるで居眠り運転でもしているかのように、無意識に人生を突っ走っているからだ。目先のことにのみ捕らわれて、人生の表面的なレベルでしか、ものを考えていないし、行動もしていないのである。

✳お金にも「原因と結果」の法則がはたらいている

ここに一本の木がある。木には果実が実る。多くの人が果実（結果）を見て、「数が少ない、小さすぎる、味がよくない」と不満を感じる。

しかし、果実のでき具合を左右した「本当の原因」はいったい何なのか。それは、その木の「種」と「根っこ」である。

ここで重要なのは、地上にある「果実」をつくり出しているのは、地下にある「根っこ」だということだ。**目に見えない「原因」が、目に見える「結果」を生み出しているという事実だ。**もし実のでき具合を改良したければ、地下にある木の根っこに手を加えなければならない。「目に見えない世界」を変えなければ、「目に見える世界」である現実は改善できないのだ。

富の原則…「目に見える世界」である現実を変えるには、「目に見えない世界」を変えなければならない。

もちろん、世の中には目に見える世界がすべてだと主張する人が必ずいる。そんな人にはこう聞きたい。「なぜ目に見えない電気の料金を払っているのか」と。電気は目に見えないが、その存在を認めた上で使っているではないか。

私の経験では、この世では目に見えない要素のほうが、目に見えるものより、数段強力な力がある。この考えに同意できない人は、人生で大きな損をしている可能性が高い。というのも、それは自然の法則に逆らうことになるからだ。

繰り返すが、もっとうまい果実が欲しければ、地下にある木の根っこを改良しなければならない。「目に見える世界」を変えたければ、「目に見えない世界」を変えなければならない。

森でも、農場でも、果樹園でも、そして人生においても、地下にあるものが地上にあるものをつくり出す。だから、もう実ってしまった果実についてあれこれ言うのではなく、地面を掘り返して肥料をまき、根っこに栄養をつけなければならない。

〝金欠病の最大原因〟はこんなところにある

さて、「果実」と「根っこ」のたとえを人間に置き換えてみると、「果実」とは現実であり、「根っこ」とは、心理や感情、そして精神的な面になるだろう。

しかし、ほとんどの人は、「現実」がこうした内面世界の「プリントアウト」でしかないことに、全く気づいていない。

たとえば、ワープロで手紙を書いてプリントアウトし、誤字に気づいたとしよう。そこで、修正液を取り出して誤字を直したとしても、肝心のデータを直さなければ何度プリントアウトしても誤字は訂正されないままだ。

再度プリントアウトしたあなたは、驚きのあまり、こう叫ぶ。

「そんなバカな。なぜ直っていないんだ。いったいどうなっているんだ。狐につままれたようだ」

要するに、プリントアウトしたもの、つまり「現実」をいくら修正しようとしても、肝心のデータ、つまり心理、感情、または精神的な面のミスを正さなければ、誤字を直すことはできないのだ。

そして突きつめて考えれば、財産、健康、自分の体重さえも、あくまで結果でしかない。私たちは原因と結果の世界に生きているのである。


富の原則…財産、健康、自分の体重さえも、あくまで結果でしかない。私たちは原因と結果の世界に生きている。


誰かがそれとなく「金がないのは問題だ」と言っているのを耳にしたことはないだろうか。襟を正して、しっかりと聞いてほしい。「金欠病」は結果に過ぎないのだ。

金欠病が結果ならば、その根源的な原因は「内面の世界」にある。両者の関係はそれぐらいはっきりしたものなのだ。

✳"うさんくさいが金持ち"と"格好いいが貧乏"

さて、本書の読者には、富の原則が出てきたら、まず胸に手を当て、声に出して元気よくその言葉を宣言してほしい。

宣言とは、気持ちを込めて、自分の希望を声に出して言うことであり、宇宙と自分の潜在意識に向けて、強力なメッセージを送ることである。この世のすべてはエネルギーであるが、言葉にもエネルギーが宿っているのだ。

「宣言」と「主張」は似ているが、私の理解する限りでは大きな違いがある。「主張」は、「目標を達成しつつあると断言すること」であり、宣言とは「目標へ向けて行動を起こす前に、公式に自分の意志を表明すること」である。

私は主張という言葉はほとんど使わない。なぜかと言えば、「目標は実現しつつある」と断言してしまうと、頭の片すみで、「嘘つけ。いい加減なことを言うな」とつぶやく批判の声が聞こえてくるからだ。

一方、宣言のほうは、現実はどうあれ、これから新たに行動を起こす決意を明らかにするだけだから、頭の中の理性の声も批判ができない。

今日から毎日、朝と晩に声に出して本書の富の原則を宣言することをお勧めする。鏡で自分の顔を見つめながらすれば、一層効果的である。

私自身、一文無しの時は「インチキくさい！　アホらしくてやってられん」と思ったものだ。しかし、金持ちになった今は、この宣言が本当に効果があると信じている。

「うさんくさいが金持ち」なのと、「格好いいが貧乏」なのを比べたら、私なら、うさんくさくても金持ちのほうを選ぶ。あなたならどちらを選ぶだろうか。

以上のことを心に刻んだ上で、胸に手を当てて次の言葉を宣言しよう。

宣言

「私の内面の思考が、外面の現実をつくり出す」

Millionaire Mind

2

あなたの〝豊かさ〟を決める「お金の設計図」

……「五分あれば、あなたの将来の経済状態は予測できる」

「五分あれば、これから死ぬまでのあなたの経済状態を予測できる」

テレビやラジオに出演した時の私の決まり文句である。

私には、ほんの少し話しただけで、相手の「お金の設計図」「成功の設計図」が見えてくる。

「お金の設計図」とは、お金に関してどんな価値や思い入れが心、そして潜在意識に刻まれているかを示した図である。この内面にある設計図が、あなたの経済状態をどんな要因よりも大きく左右する。

「お金の設計図」は、お金に対する考え方、感情、行動が組み合わさったものだが、過去、とくに幼児期に得た情報に基づいて形成される。両親、兄弟、友人、権威ある大人、教師、宗教的指導者、メディア、文化などから受けた訓練や学習も強い影響を及ぼしている。

つまり、お金を扱う時にどう考え、どう行動するかは、「誰かから教えられたこと」なのだ。そうして身につけた「お金の設計図」は、コンピュータのプログラムのように、あなたにお金とのつきあい方を指示している。そしてあなたは、無意識のうちに、この指示に従って動いているのだ。

✳これが金持ちになるための〝プログラミング〟

ここで、非常に重要な公式を紹介したい。能力開発の分野で著名な指導者たちが必ず教える、願望実現への「基本公式」である。これはまた、「思考が現実化するプロセス」を表わす式でもある。

思考から感情が生まれる。
感情から行動が生まれる。
行動から結果が生まれる。

では、この公式の「思考」はいったいどこからきたのか。なぜあなたは、隣りにいる人と違う考え方をするのか。

思考は、心の中のファイル・キャビネットに保存されている「情報ファイル」から生まれる。そして、情報ファイルの中身は幼児期から今までの経験、または教育によってつくられる。つまり、今あなたが何を考えるかは、過去の経験や教育という「プログラミング」によって決まるということだ。

この新しい解釈を、先ほどの公式に付け加えると次のようになる。

プログラミングから思考が生まれる。
思考から感情が生まれる。
感情から行動が生まれる。
行動から結果が生まれる。

だから、前述のワープロの例と同様に、結果を変える最初の大切なステップは、心の中のデータやプログラムを変更することなのである。

つまり、金持ちになるための最初の一歩は、自分がお金に関して過去にどのようなプログラミングをされてきたのかを探ることである。

✳〝なぜか資産が増えない人〟が抱える「三つの問題」

そこで、まずはプログラミングがどのように行なわれるのかを見ていこう。

◆言葉‥小さい時にどんなことを聞いて育ったか。
◆お手本‥小さい時にどんな人のどんな行動を見て育ったか。
◆トラウマ的体験‥小さい時にどんな経験をして育ったか。

この三つは、よく理解してほしい重要事項なので、一つずつ詳しく説明していこう。

①言葉……「金持ちは欲張りだ」

言葉によるプログラミングには強い影響力がある。お金は諸悪の根源だ、非常時に備えて貯金は必要だ、金持ちは欲張りだ……子どもの頃、お金や財産、金持ちについてどのようなことを聞いて育ったかを考えてみてほしい。

私の家では、子どもの頃、父親に小遣いをねだると、いつもこう言われて怒られたものだった。「俺がお金でできているとでも思っているのか」。冗談で、「そうだといいな。腕、いや、手、いやいや、指だけでもいいからちょうだい」などと言ったりしたが、父が笑ったことはなかった。

子どもの頃に聞いたお金に関する表現は、知らぬ間に意識下に貯蔵される。そして、大人になってからのお金の扱い方を左右する「お金の設計図」の一部になり、強い影響力を及ぼすのである。

★稼いでも稼いでも〝資産ゼロ〟の理由

ミリオネア・マインド集中講座を受講したスティーブの例を紹介しよう。彼の場合は、お金を稼ぐほうではなく、お金の使い方に問題があった。

当時、スティーブは過去九年間の平均年収が八十万ドル（八千八百万円）と、非常に裕福な部類に入っていた。ところが、資産と呼べるものが全くない。浪費、つまらない投資、友人に貸すなど、理由は様々だったが、入ってきたら入ってきただけ使ってしまうのだ。

スティーブは、子どもの頃に聞かされていた母親の口グセを教えてくれた。

「金持ちは欲張りさ。貧乏人が汗水たらして稼いだお金を奪って儲けるんだ。毎日食べていくのに十分なお金さえあればいいいんだよ。それ以上お金を持つのは欲張りの証拠だ」

これを聞けば、スティーブの潜在意識で何が起こっているかは明らかだ。どうりで、資産ゼロだったわけである。母親の言葉によって、スティーブは「金持ちイコール欲張り」という思考の方程式をつくり上げていたのだ。

スティーブは母親を愛していたし、母親に認めてもらいたかった。だから、母親の忌み嫌う欲張りな人間になってしまわないよう、食べていくのに必要な額以上のお金は、処分していたのである。


富の原則…… 潜在意識下では、論理などまるで意味がなく、深層心理にある感情が常に勝つ。


私はスティーブのお金の設計図を新しく書き換えるのに、ものの十分とかからなかった。

そしてわずか二年で、スティーブは資産ゼロからミリオネアへと変貌を遂げたのである。

★なぜ、私は株式投資で連戦連敗していたのか

自分の経験を考えてみると、ビジネスで成功した後も、株式投資だけはどうもうまくいかなかった。そこで、子どもの頃の記憶を手繰り寄せてみた。すると思い出したのは、父親の姿だった。

毎日仕事を終えて帰宅すると、夕食のテーブルで新聞の株式欄を見ながら、「役立たずの株ばかりだ！」と怒鳴るのだ。その後は、株式投資はバカがやることだとか、ラスベガスでスロットマシンをしたほうがましだとか、少なくとも三十分は文句を言うのである。

なぜ私が株式投資で儲けを出すことができなかったか、おわかりだろう。株の選択が悪いか、買うタイミングが悪いか、高値で買いすぎるか、いずれにせよ、**「株は儲からない」というお金の設計図が発するメッセージに縛られていた**のだ。

この意識下に潜んでいた巨大な毒草のようなメッセージを掘り返し、排除することで、やっと私にも転機が訪れた。自分の思考回路を手直しした翌日から手持ちの株が高騰したと言っても過言ではない。それ以来ずっと、株では相当儲けている。嘘のような話だと思うかもしれないが、「お金の設計図」の力を真に理解していれば、決して起こり得ないことではない。

「お金の設計図」を書き換えるには、四つの段階がある。
その第一は**認識**である。変えるべきものの存在を知らずして、変化は望めない。そのために、子どもの頃から今までに耳にした、お金、財産、金持ちに関する言葉をすべて書き出してほしい。
第二は**理解**である。自分の考え方が何に端を発しているのか、誰に教え込まれたものかを探り、自分の経済状態に及ぼしてきた影響を洗い出してみてほしい。
第三の段階は**削除**である。豊かさへの障害になる考え方を自分から切り離すのだ。長い間、心の中にしまってあった「情報のファイル」に今も価値があるのか、ないのか、その真の姿を見極めてほしい。
第四の段階は**再プログラミング**だ。これについては、Ⅱ部で「金持ちの心理・行動」を明らかにしながら、そのプロセスを詳しく述べる。

宣言

「今までに聞いたお金に関する言葉は正しいとは限らない。将来の幸福と成功のために、ここで新しい考え方を選択し、自分のものにする」

②お手本……両親は貯蓄家か、浪費家か?

二つ目は、お手本によるプログラミングである。子どもの頃、両親はどんなふうにお金を扱っていたか。お金をしっかり管理していただろうか。貯蓄家か、それとも浪費家か。投資に関してはどうだろう。リスクを覚悟で投資するタイプか、コツコツと着実に貯めていく慎重派か。お金に不自由することはなかったか。あなたの家では、お金は幸福を運ぶ使者だったか、それとも夫婦喧嘩のもとだったか。

こうした質問が重要な理由は、子どもは親をお手本にして育つからだ。こう言われて喜ぶ人はあまりいないかもしれないが、「蛙の子は蛙」ということわざには少なからぬ真実が含まれている。

一般的に言って、**お金の使い方は、片方または両方の親のやり方を組み合わせたスタイルに落ち着く傾向がある。**

私の場合、父は自営で住宅建設の仕事をしていた。一つのプロジェクトが始まると、十軒から百軒の規模で住宅を建てる。プロジェクトには、毎回、巨額の投資が必要だった。財産を全部担保に入れて、銀行から資金を借りまくった。住宅ができ上がって売れるまで、収入はゼロである。結果として、住宅を建て始める時はいつも一文無しの借金まみれだった。

この時期、父の機嫌は悪いし、気前も非常に悪かった。小遣いをねだっても一セントももらえないどころか、「二度とお金をせびろうと思うな」とばかりに、にらみつけられる。こんな状態が一、二年続いた後、住宅が売れ出すと、反対にありあまるほどのお金が入ってくる。父はまるで人が変わったように、温厚で気前のいい父親に豹変した。こちらから頼まなくとも、「小遣いは足りているのか。もっとやろうか」と言ってくるほどだった。

そんな順風満帆の生活も、ある日、父が帰ってきて、「いい土地が見つかったから、また住宅を建てるぞ」と言うと、それまでだった。この言葉を聞いて、「よかったね、パパ。頑張って」と口では言うものの、これからまた貧乏生活が始まるのかと思うと、どこまでも気分が落ち込んでいくのだった。

物心のついた六歳から大学を卒業して家を出る二十一歳まで、この繰り返しだった。家を出て、晴れてひとり暮らしを始めた時は、もうこんな生活に振り回されずにすむとせいせいしたものだ。

しかし、大学を卒業してから最初に何の仕事をしたかと言えば、ご推察の通り、父と同じ建築屋だ。その後、違う職業もいくつか試したが、いつもプロジェクトに関わる仕事ばかりだった。

そして、どういうわけか、最初はうまくいって金が入ってくるが、しばらくすると破産状態に陥ってしまう。また次の仕事を始めて軌道に乗ったと思うと、また一年もすれば没落する。その繰り返しだった。

十年近くこうした浮き沈みの激しい生活が続いた後、突然ひらめいた。問題は、選んだビジネスが悪かったことでも、パートナーや従業員にあるのでもなかった。不況や、仕事がうまくいきかけると気を抜いて休みたがる自分の習性のせいでもなかった。

無意識に父親の浮き沈みの激しい収入パターンを真似しているだけだったのである。

☆“まさかの時の貯金”をするから「まさかの時」がきてしまう

ありがたいことに、私はこの本で紹介する教訓を身につけ、ヨーヨーのような生活から抜け出し、着実に財産を増やすことができるようになった。

今でも、仕事がうまくいきかけると、別のことをやりたくなることがある（気を抜いて休みたがる習性も健在だ）。しかし今は、こうした気持ちの動きが手にとるようにわかり、「またか。気にしないで仕事に集中することにしよう」と言えるだけの余裕がある。

セミナー受講者の多くは、親の金銭感覚の影響力の大きさを知ると、唖然とする。

親の金銭感覚を踏襲している人の中には、「お金はいつなくなるかわからないから、楽しめるうちに楽しんだほうがいい」とばかりにお金を使いまくる人もいれば、反対に「まさかの時のためには貯金、貯金」と貯め込む人もいる。

注意してほしいのは、この「まさかの時のために貯金」である。一見、健全な考え方のようだが、大きな問題になりかねない。

あなたは「意図することの力」を知っているだろうか。これは、「思考は現実化する」という宇宙の法則だ。

もし「まさかの時」を考えて貯金に励んでいるとしたら、どんな未来を呼び込むだろうか。恐れている「まさか」が現実になってしまいかねない。

だから、「まさかの時」ではなく、「楽しい時」とか「お金の心配をしなくてもよくなった時」のために貯金するほうが、より建設的である。

★「怒り」と「金銭感覚」の不思議な関係

お金の使い方は、一方、または両方の親と同じスタイルになりやすいが、この正反対の場合もあり得る。つまり、親とはまるで反対のお金の使い方をする人もいる。

なぜそうなるかは、ティーンエイジャーの怒りと反抗を思い浮かべれば、簡単に理解できる。要するに、親のお金の使い方に嫌気が差したということである。

残念ながら、子どもは親に説教するわけにもいかない。「お父さん、お母さん、ちょっと座ってください。話があります。どうもあなた方のお金の使い方、ひいては生き方も、今イチ気に入りません。ですから、大人になったら、自分のやり方でお金を管理して生きていくつもりです。どうぞご了承ください」などと言えたら、さぞかし気持ちがいいだろう。

貧しい家庭の出身者は、この怒って反抗するタイプになる可能性が高い。彼らの多くが「出世して金持ちになりたい」とか、少なくとも「金儲けをしたい」という強い願望を持つ。

しかし、彼らがどんなに**一生懸命に働いて金持ちになったとしても、幸せにはなれない。**なぜなら、金持ちになりたいという動機が「怒り」と「恨み」からきているからだ。心の中で「お金イコール怒り」という図式があれば、金持ちになればなるほど、怒りが募ることになる。

そのうちに、「怒ってばかりいるのは、もうたくさんだ。イライラせずに幸せに暮らしたい」と望むようになる。その時、「怒るのをやめたいのなら、お金を処分しなさい」という心の声が聞こえてくる。そして、浪費、下手な投資、金のかかる離婚など、手段は様々だが、心の声に従って、無意識のうちにお金を処分してしまうのである。

お金を手放して本当に幸せになれるならかまわないが、そうはいかない。以前は怒っているだけだったが、今は怒っている上に一文無し、というわけだ。「怒り」の代わりに「お金」を処分するのは、「果実」ではなく、「根っこ」を処分したようなものだ。

本当の問題は（過去も現在も変わらずに）、彼らと両親の間に積み重なった怒りなのだ。どんなに裕福になろうとなるまいと、この怒りが解決されない限り、決して心から幸福にはなれないし、心の平和も保てない。

★成功をめざす動機は「恐怖」か「安心」か？

このように、なぜ成功したいのか、なぜ金持ちになりたいのかという動機は、非常に重要だ。動機が「人生の不安を解消したいから」といった後ろ向きの理由の場合は、富を手にしても幸福にはなれないからだ。

いくらたくさんのお金を手に入れても、後ろ向きな感情そのものを解消することはできない。

たとえば恐怖だが、私のセミナーで聴衆に、「成功したい一番の理由が『恐怖』の人はいますか」と聞くと、まず手を挙げる人はいない。

ところが、「では、成功したい一番の理由が『安心』の人はいますか」と質問の仕方を変えると、ほとんど全員が手を挙げる。

しかし、恐怖と安心は、本質は同じものだ。安心を追求するのは、恐怖に端を発する不安感があるからなのだ。

いくらたくさんのお金を手にしたところで、恐怖は解消されない。**お金が問題なのではなく、恐怖が問題だからだ。**手持ちのお金が増えれば、違うタイプの恐怖が頭をもたげてくるだけだ。

文無しの時は、「自分は成功とは無縁ではないか」とか、「貧乏生活がずっと続くかもしれない」という恐怖を持つ。ところがお金を手にすると、「もし失敗して全財産をなくしたらどうしよう」「周囲からうらやまれたり、ねたまれたりしたらどうしよう」「税金で全部持っていかれたらどうしよう」と恐怖が変化していく。

つまり、問題の「根っこ」を明らかにし、恐怖と対決しない限り、どんなに大金を手に入れようと問題は解決しない。

恐怖に駆られて行動する人は、金持ちになることで自分の価値を証明しようとする。しかし、たとえ大金を手にしたとしても、自分の人格を変えられるわけではない。

問題はあなた自身である。あなたの内面が外面の現実をつくり出していることを思い出してほしい。

「自分には価値がない」と心の中で信じていると、結果として、お金がないという現実を自らつくり出してしまう。反対に、自分は十分価値のある人間だと信じていれば、十分なお金が手に入るようになる。心が「十分な」状態であれば、「豊かな生活を送っている自分」があなたの自然な姿になる。

怒り、恐怖といった後ろ向きな感情を手放して、ビジネスの目標を「人の役に立つこと、人を喜ばせること」といった前向きな言葉と結びつけて考えよう。そうすれば、怒り、恐怖からお金を処分するような習慣とは手を切れるだろう。

宣言
「私の今までのお金の扱い方は、本来の自分のやり方ではない。私は自分らしいやり方を身につける」

③トラウマ的体験……「お金イコール苦痛」という、とんでもない方程式

三番目のプログラミングは、トラウマ的体験によるものだ。お金、財産に関するこれま

での経験は、あなたの信条（というより幻影の場合が多いが）をつくり上げてきている。

実例を挙げよう。

ジョージーは外科手術担当の看護師として、人並み以上の収入を得ていたが、いつもお金はすべて使い切ってしまっていた。潜在意識に入り込んで調べてみると、十一歳の時の思い出にぶつかった。

ある日、ジョージーの両親は、お金のことで激しく口論していた。父親は急に立ち上がり、真っ赤になって怒鳴りながら、こぶしをテーブルに叩きつけた。次の瞬間、顔色が真っ青に変わり、父親は床に倒れた。心臓発作だった。学校の水泳部で蘇生法を習っていたジョージーは、父親に人工呼吸を施したが、父親は彼女の腕の中で息絶えてしまった。

この日以来、ジョージーの心の中では、**「お金イコール苦痛」という方程式ができ上がってしまった**。手にしたお金をすべて使い切ってしまっていたのは、当然と言えば当然だった。苦痛を避けるために、無意識のうちにお金を手放そうとしていたのだ。看護師という職業の選択もまた興味深い。恐らく、今でも心臓発作で倒れた父親を助けようとしているに違いない。

私は、ジョージーが自分の古い設計図を認識し、新しく書き換えられるように手助けをした。彼女は今、経済的に自由になるという目標に向かって邁進中である。看護師も辞め、ファイナンシャル・プランナーとして再出発した。看護師という仕事が嫌いなわけではなかったが、この職業を選んだ動機が間違っていたのだ。

★「ごめんね。お母さんはお金を持っていないの」

もう一つ実例を挙げよう。

妻が八歳の夏のこと、アイスクリーム売りのトラックが毎週のようにやってきた。子どもだった私の妻は、アイス欲しさに、母親のところに走っていき小銭をねだった。だが、母親の答えはいつも同じだった。

「ごめんね。お母さんはお金を持っていないの。お金は全部お父さんが持っているから、お父さんに頼んでごらん」

こう言われて、今度は父親のところへ行くと、お金がもらえた。やっとアイスを買って、ああおいしい、めでたし、めでたしと一件落着。そして、毎週、毎週、同じ出来事が繰り返された。

私の妻は、いったいこの出来事から何を学んだだろうか。

まず、「男がすべてのお金を持っている」ということだ。結婚後、妻が私に何を期待したかと言えば、もちろん、お金である。ただし八歳の時とは違って、ねだる額が格段に高くなったことを付け加えねばならない。もう小銭は卒業して、お札専門になっていた。

二番目に、「女性はお金を持たない」ということだ。尊敬する母親がお金を持っていないのだから、自分もお金を持つべきではない。

この信条に従うべく、彼女は無意識にお金を使いまくった。几帳面と言えば、几帳面な使い方だった。百ドル（一万一千円）もらえば、百ドル使った。五百ドル（五万五千円）もらえば、五百ドル、千ドル（十一万円）もらえば、千ドル使い切った。

不幸にも、私の別のセミナーで、テコを生かす技術（融資を受けて投資を行なうこと）を学んで以来、この行動に変化が起きた。今度は千ドル（十一万円）もらえば、一万ドル（百十万円）使うようになったのだ。「そうじゃないよ。ここで一万ドル借り入れるのは投資するためで、使うためじゃないんだ。だから……」と必死で説明するのだが、なぜかわかってもらえない。

私たち夫婦の唯一の喧嘩の種と言えば、お金のことだった。あわや離婚かということもあった。当時、お互いにまるで気づいていなかったが、私と妻とでは、お金の意味が天と地ほど違っていたのだ。アイスクリームの例でもわかるように、妻にとってお金はその場で楽しいことをするためのものだった。ところが、私にとってお金は経済的自由を手にするために貯蓄するものだった。

妻が浪費するのを見るたびに、私は「妻が将来の経済的自由を台なしにしている」と解釈していた。妻はと言えば、私が妻の浪費を注意するたびに、「生きる喜びを奪おうとしている」と解釈していた。

お互いのお金の設計図の違いに気づいた私たちは、努力して夫婦としての第三の設計図をつくり上げた。その効果はすばらしく、私は人生における三大奇跡を経験することができた。一番目は娘の誕生、二番目は息子の誕生、そして三番目は妻とお金のことで喧嘩をしなくなったことである。

統計によると、離婚の第一の原因は金銭感覚の不一致だそうだ。そして、金銭感覚とは「お金の設計図」に他ならない。あなたも、パートナーが、お金の意味をどう解釈しているか、聞き出してみてほしい。そうすれば、相手の「お金の設計図」がわかり、お金のことで意見が合わない理由が見えてくる。

その上で、二人に共通のゴールを設定し、それをいつも忘れないようにしておけばいい。

宣言

「私は昔の役に立たないお金の思い出はキッパリ捨て、新しく豊かな未来をつくり出していく」

✴年収を増やしたいなら〝プログラムの設定〟を変えよ

ここまで読んできたあなたは、自分の「お金の設計図」「成功の設計図」がどんなものか、見当がついてきただろうか。

あなたの人生は、どのような結末に向かって突き進んでいるのか。成功か、平凡な生活か、それとも破産か。必死に働いてもお金には縁がないのか、それともお金には苦労することがないのか。しゃかりきになって働く運命か、人生を楽しむために働く運命か。

定収入を得るようにプログラミングされているのか、それとも浮き沈みの激しい生き方をする運命か。

実を言えば、「お金の設計図」には、あなたの収入のレベルが具体的に書き込まれている。

年収二～三万ドル（二百～三百万円）なのか、四～五万ドル（四百～五百万円）なのか、七万～十万ドル（七百万～一千万円）か、それとも二十五万ドル（二千五百万円）以上か。

何年か前、二時間の夜間セミナーを催した時、大変裕福な身なりの紳士が出席していたことがあった。セミナー終了後、彼は前に出てきて、私にこう聞いた。

「私は、現在年収五十万ドル（五千五百万円）ですが、三日間のミリオネア・マインド集中講座に出席する意味がありますか」

そこで私は、何年くらいこのレベルの年収が続いているか問い返した。「今年で七年目です」というのが、彼の答えだった。

これだけ聞けば十分だった。

「どうして二百万ドル（二億二千万円）ではないのですか。自分がなぜ五十万ドルで足踏みしているのか知りたければ、ぜひ出席してほしい」と話した。

もちろん、この紳士は集中講座に出席することに決めた。

一年後に、この紳士からメールがきた。

「集中講座は大変役に立ちました。でも間違いを犯してしまったようです。年収を、話に出た二百万ドルに設定してしまったのです。すでにその目標額を達成してしまいましたので、もう一度講座に出席して、今度は一千万ドル（十一億円）に設定し直すことにします」

実際の年収がいくらかは問題ではない。

ここで強調したいのは、**自分のお金に関する可能性を最大限に活用する**ことの重要性である。

✳〝ビジネスの天才〟が「破滅型投資」を繰り返す理由

私にはサンディエゴに住むラリーという知り合いがいる。ラリーは、こと金儲けに関しては天才的なひらめきの持ち主で、高収入がお金の設計図に書き込まれている典型的な例だった。ところが、投資となると破滅的な人間だった。買うもの、買うもの、二束三文の値打ちしかなくなってしまうのだ（なんと、彼の父親もまるで同じ問題を抱えていた）。

私は、ラリーとは連絡を密にして、投資戦略を教えてもらっている。彼のアドバイスには間違いがない（というか、いつも大間違いなのだ）。私はいつもラリーとは正反対のことをするようにしている。おかげで、私はひと儲けもふた儲けもさせてもらった。

反対に、「はじめに」で述べた「ミダス王の黄金の手」のように、触れるものを片っ端から黄金に変えてしまう力を持つ人もいるようである。もちろん「ミダス王の黄金の手」も「破滅型投資」も、それぞれのお金の設計図が表面に現われた結果に過ぎないのだ。

たとえば、あなたが女性で、低収入の設計図を持っているとしよう。そういう女性が結婚する相手に選ぶのは、やはり設計図が低収入に設定されている男性であることが多い。自分の快適レベルである低収入にとどまろうとするわけだ。逆に、低収入の設計図を持つ男性は、相手に浪費家の女性を選ぶことが多く、稼いだお金をすべて浪費してもらい、やはり自分の快適レベルである低収入にとどまるのである。

大半の人は、ビジネスで成功するには、知識や技術を身につけること、または上昇気流に乗るタイミングをうまくつかむことが必要だと思っているが、私に言わせれば、勘違いもいいところだ。**ビジネスの成功も、あなたのお金の設計図次第なのだ。**私たちは設計図の正当性を絶えず証明しようとする。だから、設計図が年収十万ドル（一千百万円）に設定されていれば、ビジネスも十万ドルの利益が出るところまでは伸びる。

たとえば、あなたがセールスマンで、設計図が年収五万ドル（五百五十万円）に設定されているとする。ある年に売り上げが急増して九万ドル（九百九十万円）になったとしよう。恐らく、あてにしていた取り引きがご破算になるか、翌年はさっぱり売れないということになり、最終的には年収五万ドルに落ち着くだろう。

反対に、年収五万ドルに設定されていれば、ここ二、三年売り上げが伸びていなくても、最後には必ず年収五万ドルのレベルに落ち着くから、決して心配することはない。

もし、運に見放されて自力で稼げなければ、道を渡る途中に交通事故に遭い、五万ドルの保険金が支払われるという形で実現することさえあるだろう。どんな形で手に入れるとしても、年収五万ドルに設定されていれば、必ずその額が入ってくるものなのだ。

✳あなたの経済状況を好転させる〝唯一の方法〟

では、自分の「お金の設計図」がどのレベルに設定されているかを知るには、どうしたらよいだろうか。

わかりやすいのは、**自分の仕事の成果を見ること**だ。貯金額、収入、財産、投資の運用結果、ビジネスの成功具合などを検討してみるのだ。

また自分が、貯蓄型か浪費型か、金銭管理に長けているか、衝動的に行動していないかなども冷静に考えてみてほしい。金儲けのためにどれほど努力しているか。お金が絡んだ時の行動についても考える必要がある。

お金には苦労しているか、それとも自動的にお金が入ってくるか。経営者か、サラリーマンか。仕事は長続きするか、ひっきりなしに転職しているか。

あなたの設計図は、エアコンの温度調節装置のようなものである。部屋の温度が二十度なら、恐らくエアコンは二十度に設定してあるはずだ。

さあ、ここからがおもしろいところだ。外が寒い時に窓を開け、部屋の温度が十七度に下がったとしよう。気温は下がったままだろうか。いや、温度調節機能が作動して、しばらくすると二十度に戻るはずだ。

今度は逆に、外が暑い時に窓を開け、部屋の温度が二十三度に上がったとしよう。温度は上がったままだろうか。やはり、しばらくすると二十度に戻るはずだ。

部屋の温度を変えたければ、エアコンの設定を変えなければならない。それと同じように、**あなたの経済状況を変える唯一の方法は、「お金の設計図」を書き換えること**だ。

私の親友で、ベストセラー作家でもあるロバート・アレンが、私のセミナーでゲストとして話をしてくれた時、ある非常に示唆に富んだ、印象に残る言葉を紹介してくれた。

「どんな思考も頭の中に無料で居座っているわけではない」

頭に浮かぶ考えはすべて、投資か、損失かのいずれかに分類される。幸福に近づく近道なのか、それとも回り道なのか。あなたに力を与えるのか、それとも力を奪うのか。これが、「何を考え、何を信じるかは注意して選びなさい」と言う根拠なのだ。

宣言
「私は常に自分の考えに注目し、自分のためになる考えのみを頭の中に残す」

Ⅱ

あなたも大金持ちになれる！
17の「ミリオネア・マインド」

Ⅰ部では、過去のプログラミングがあなたの現実をつくり出す仕組みについて詳しく説明してきた。「思考が感情を生み、感情が行動を生み、行動から結果が生まれる」という法則を思い出してほしい。

すべては、あなたの頭の中にある思考から生まれる。そして、「何を考えるか」が人生の要《かなめ》であるにもかかわらず、「自分のものの考え方、感じ方」に意識を向けない人が大半なのだから、驚きだ。

✳「正しいと思う選択」が「成功につながる選択」とは限らない

あなたの「ものの考え方、感じ方」とは、オフィスや家にある大きなファイル・キャビネットと同じだ。入ってきた情報をフォルダーに入れ、ラベルを貼って、「生きていく」ためにファイリングしておくわけである。ここで注意してほしいのは、「生きていく」ためであって、決して「豊かに生きていく」ためではないことだ。

何か問題に遭遇すると、私たちは頭の中からファイルを探して、対処法を考える。たとえば儲け話を耳にしたとする。すると自動的に「お金」のラベルのファイルを取り出し、どんな行動を取るかを決定するのだ。

つまり、自分の持っている範囲の知識だけを使って、一番適当と思われる結論を出していく。自分が「正しいと思う選択」をするのだ。ところが困ったことに、この「正しいと思う選択」が必ずしも「成功につながる選択」とは限らない。人によっては「正しいと思う選択」が常に「失敗につながる選択」ということさえある。

たとえば、私の妻がショッピング・センターにいるとしよう。そこで素敵な緑色のバッグを見つけた。二五パーセント割引になっている。ここで、頭の中のファイルに、「このバッグを買うべきか」と質問すると、瞬時に答えが返ってくる。

「先週買った緑色の靴とおそろいのバッグを探していたでしょう。大きさもちょうどいいし、買いなさい」

バッグをつかんで、支払いカウンターに向かう途中で、彼女はこの素敵なバッグにウキウキすると同時に、二五パーセント割引のバーゲン品を見つけたのを得意に思っている。

彼女の頭の中で、この買い物は正当化された。欲しいものだし、必要だったし、掘り出しものだったから。ここで、彼女を止めるべき理性の声はどこからも聞こえてこなかった。つまり、「たしかに素敵なバッグだし、値段も安くなっているけど、今は借金があるから、今日は買わないでおこう」という声だ。

なぜ、この理性の声が聞こえてこなかったかというと、「借金を抱えている時に、余分なものは買うな」という情報が、彼女の頭の中のファイルにはなかったからである。

なぜ、〝人並みの暮らし〟しかできない人ばかりなのか

頭の中のファイルが、金持ちになるのを妨げる情報でいっぱいだったら、いつもお金を失うような選択しかできない。お金を使ってしまうのが自然で、正しい選択になる。この選択の結果はと言えば、破産するか、せいぜい人並みの暮らしができるぐらいだ。

逆に、金持ちになるのに役立つファイルを持っている人は、お金を生み出すために、自然で、正しい選択をする。

Ⅰ部で述べたように、自分を変える第一歩は、「認識」である。金持ちのように考えたいのなら、金持ちがどんな思考回路の持ち主なのかを知る必要がある。

金持ちの思考回路が、お金に縁のない人や中流階級のそれと違っているのは、紛れもない事実である。**お金、財産に始まり、人間関係に至るまで、生活のあらゆる面において、考え方が違う**のである。

このⅡ部では、金持ちになれる人とお金に縁のない人の「思考法の違い」、十七の「金持ちファイル」を詳しく紹介しよう。そして、あなたにも〝ミリオネア・マインド〟を体

得してもらうつもりである。

あなたは、自分の考えを取捨選択できる。**自分がお金に縁のない人や中流階級のレベルで考えていることに気づいたら**、意識して考え方を変えることができるのだ。そして、幸福や成功に導く考えだけを残して、役に立たない否定的な考えは捨ててしまえばよい。

最初にいくつかお断りしておきたい。私は「お金に縁のない人」という言葉をひんぱんに使っているが、決して見下しているわけではないし、苦しい状況に同情しないわけでもない。また、金持ちがお金に縁のない人より偉いなどとはこれっぽっちも思っていない。金持ちは、単によりたくさんの財産を持っているだけだ。金持ちとお金に縁のない人の違いを理解してもらうために、極端な例を持ち出すことを了解しておいてほしい。

次に、金持ち、お金に縁のない人、中流階級と言う時は、あくまでその人の気持ちの持ち方、思考や行動の違いを言っているのであって、実際に所有する財産の多寡とか、社会的地位を云々しているのではない。

三番目に、金持ちとお金に縁のない人の例は、あくまで一般論として誇張していることを忘れないでほしい。ここでも、要点をわかりやすく説明するのが目的なので、例外が必ず存在することをご理解いただきたい。

四番目は、必要がなければ、中流階級に言及するのは避けようと思う。中流階級の思考は、金持ちとお金に縁のない人の思考を少しずつ取った中途半端なものだからである。

五番目に、中には思考というよりも習慣や行動について書かれていると感じる箇所があるかもしれない。その時は**「思考から感情が、感情から行動が生まれる」**という法則を思い出してほしい。

最後に、自分の考えが正しいと思うのはやめてほしい。あなたの**古い考え方が、現在の経済状況をつくり出した**のだから、もっと金持ちになりたいのなら、今までとは全く違う、新しい考え方を受け入れてほしい。

そして、習った知識を生かすために、なるべく早く行動に移してほしい。

人間は「習慣の動物」だという事実はご存じだろう。ただ、**習慣には二つの種類がある**ことは意外と知られていない。**「行動を伴う習慣」**と**「行動を伴わない習慣」**だ。

この「行動を伴わない習慣」というのが曲者《くせもの》で、もし、今、とくにこれといってやっていることがないなら、何もしないのが普通の状態となり、習慣化してしまう可能性がある。

何もしない習慣を変革する唯一の方法は、行動を起こすことだ。本書を読むのは、その第一歩に過ぎず、実際に行動を起こしてこそ、変化は起こる。成功したいと真剣に願うなら、**すぐに行動を起こす**ことを強くお勧めする。

金持ちファイル 1

金持ちになれる人は「人生は自分で切り拓く」と考える

お金に縁のない人は「なぜか、こんな人生になってしまった」と考える

金持ちになりたいなら、あなたが人生の運転席に座るべきだ。とくにお金の管理については、自分がハンドルを握らなければならない。

このことを受け入れられない人は、自分の人生をコントロールできないし、お金の管理など自分には無理だと頭から信じ込んでいるに違いない。これは金持ちにふさわしい態度ではない。

宝くじを大量に買い込むのは、いつもお金に縁のない人ばかりである。誰かが自分の番号を引いてくれて、いつか大金が転がり込むと真剣に信じているのだ。

誰だって、宝くじに当たりたいに決まっている。金持ちも、たまに楽しみで宝くじを買

うことはある。ただ、間違っても給料の半分を注ぎ込んだりしないし、宝くじに当選するのが金持ちになる近道だとも考えていない。

✴「自分は被害者」と思っている間は成功できない

成功をつくり出すのは、他でもない、自分なのだという信念を持ってほしい。言い換えれば、人並みの財産しかないのも自分の責任だし、お金に困り、なかなか成功できないのも自分の責任である。意識する、しないにかかわらず、すべて自分の責任なのだ。

お金に縁のない人は、自分の人生の責任を取る代わりに、被害者の役を演じるのが大好きだ。被害者の大半は「自分はなんてかわいそうなんだ」と考える。そして「思考は現実化する」という法則に従って、被害者は文字通り「かわいそう」な状態に陥ってしまう。

私が被害者の「役を演じる」と言ったことにお気づきだろうか。彼らは被害者ではない。被害者面をしたがるのは、そうすることにメリットがあると思っているからだ。

自分、そして周囲の人が被害者の「役」を演じているのを見破るには、次の三つの手がかりがある。

①自分の責任を認めず〝責任転嫁〟したがる

被害者意識の強い人は、責任転嫁ゲームのプロである。このゲームでは、自分の責任を認めず、周囲の人や状況がうまくいかない原因だと声高に騒ぎ立てる人が勝ちとなる。近くにいる人ほど責任を押しつけられやすいから、周囲にいる人はたまらない。

被害者意識を持った人は、自分には全く落ち度がなく、自分以外のすべてに責任があると主張する。経済が悪い、政府が悪い、株式市場が悪い、ブローカーが悪い、業界が悪い、会社が悪い、従業員が悪い、部長が悪い、本社が悪い、上司が悪い、部下が悪い、カスタマー・サービスが悪い、運送部が悪い、パートナーが悪い、運勢が悪い……など、とどまるところを知らない。とくに親は責任を押しつけられやすい。

そして、悪くないのは「自分だけ」なのである。

②無能な自分を〝正当化〟する

被害者意識を持った人は、自分の状況を正当化したがるものだ。「本当はお金なんて取るに足りないものだ」という表現をよく聞く。

よく考えてみてほしい。もし、一番身近にいる配偶者、恋人、同僚や友人に面と向かって、「お前なんて取るに足りないやつだ」と言ったら、親密な関係が保てるだろうか。相手は恐らくあなたから離れていってしまうだろう。お金も同じだ。

私のセミナーでも、「お金はそんなに重要ではない」と言い出す出席者が必ずいる。そんな時、私は面と向かって、「あなた、一文無しでしょう?」と聞くことにしている。すると言った本人は、下を向いて情けなさそうに、「今はたまたま金回りが悪いだけで、そのうち……」という答えが返ってくる。ここですかさず、「たまたまじゃないでしょう。いつも一文無しか、それに近い状態が続いているんじゃないですか」と畳みかける。

ここまでくると、ようやく間違いを認め、自分を正当化する愚かさを悟る。

お金に縁がないのは当たり前だ。欲しくもないのにオートバイを買ったり、飼いたくもないのにオウムをペットにしてしまうからだ。お金が大事だと思うからお金が入ってくるのであり、お金なんてどうでもいいと思っている人がお金に縁がないのは当然の結果なのだ。

この真理を知っていれば友達をからかうことだってできる。誰か友人と話をしていて、「お金は重要じゃない」という発言が出てきたら、即座に額に手を当て、天を仰いで神のお告げを聞いている振りをしてから、やおら「お前、今、一文無しだろう」と叫んでみる。

友人はびっくりして、「どうしてわかったんだ」と聞き返すはずだ。そこで、「他に知りたいことがあれば、何でも教えてやるぜ。お代は五十ドル(五千五百円)にまけておくよ」

と言いながら、手を差し出すというわけだ。

金持ちになれる人は、お金の重要性を十分に理解しているし、お金が社会でどんな役割を果たしているかも熟知している。

反対に、お金に縁のない人は自分の能力のなさをトンチンカンな比較を使って正当化したがる。「お金なんかより愛情のほうがもっと大切だ」などとのたまうのだ。この比較は無意味でバカバカしいとしか言いようがない。「腕と脚とどちらが大事か」と聞くのと同じことだ。どちらも大事に決まっているではないか。

お金は、お金がものを言う世界では非常に重要だが、お金に関係のない世界ではまるで無意味である。たしかに、愛情があってこそ地球は回っていくのかもしれないが、愛情で住宅や病院など建物の建設費用をまかなうことはできないし、愛情が食べ物を運んでくるわけでもない。


富の原則… お金は、お金がものを言う世界では非常に重要だが、お金に関係のない世界ではまるで無意味である。

③「うまくいかないこと」にばかり目を向け〝愚痴る〟

健康状態や経済状態について愚痴をこぼすことほど、害になることはない。最悪と言ってもいいだろう。なぜか。

私は、「何かに意識を向けると、それはどんどん拡大していく」という法則を心から信じている。愚痴をこぼしている時は、「うまくいかないこと」にばかり目が向いているわけだから、ますます調子が悪くなるのは、当然の結果である。

自己啓発の指導者は、「引力の法則」についてよく話をする。「類は友を呼ぶ」というわけで、愚痴を言うと、愚痴の種がますます自分に寄ってくるのだ。

✳〝被害者意識を持った金持ち〟はいない

責任転嫁、正当化、愚痴という三つの行動は、鎮痛剤のようなものだ。失敗のストレスを軽減するための手段以外の何ものでもない。考えてみてほしい。失敗しているからこそ、責任転嫁したり、正当化したり、愚痴をこぼしたりする必要があるわけで、もし成功し始めたら、そんなことをする必要はこれっぽっちもないのだ。

では、ここで、この世で最も重大な秘密の一つをご披露しよう。心の準備をして、真剣に聞いてほしい。

「被害者意識を持った金持ちはいない」

おわかりだろうか。もう一度繰り返す。

「被害者意識を持った金持ちはいない」

それに、金持ちが愚痴を言ったところで、聞く耳を持つ人もいないだろう。「あーあ、僕のヨットにひっかき傷がついちゃった。どうしよう」。こんなことを言われたら、誰でも、「好きにすれば」と言いたくなるに決まっている。

その一方で、**被害者意識の持ち主にはそれなりの見返りがある。この見返りとは、人から注目されることである。**

誰もが何らかの形で「注目を浴びるために生きている」と言っても過言ではない。ただ、被害者意識の持ち主は、自分の失敗に同情してもらうことで注目を浴びようとする。誰でも、この間違いを一度ならず犯してきたはずだ。しかし、これは「注目」と「愛情」のはき違えである。

今こそ決断の時である。被害者のままでいるか、成功するかのどちらかを選ばなければならない。責任転嫁し、正当化し、愚痴をこぼすたびに、あなたはお金と成功から縁遠くなる。

今こそ、人生のすべては自分がつくり出していることを認め、自分の中に眠る力を呼び起こす時だ。富も貧困も、その二極の間にあるすべても、自分がつくり出していると認識してほしい。

宣言

「自分がどれだけ金持ちになるかを決めるのは、私だ」

ミリオネア・マインド行動指針

1 自分が責任転嫁をし、正当化をし、愚痴を言っているのに気づいたら、人差し指で、のどをかき切る動作をする。 こうすれば、自分で自分の経済状況を台なしにしていることに、気がつくはずだ。この動作が残酷すぎると言う方がいるかもしれないが、責任転嫁、正当化、愚痴ばかりでは、もっとひどい目に遭うのだし、少しぐらい残酷なほうがこの破滅的習慣の撲滅には効果的だろう。

2 結果報告をする。 一日の終わりに、うまくいったことと、うまくいかなかった……………

ことを一つずつ書き出す。次に、その理由を考えてほしい。この訓練を通して、自分の行動に責任を持ち、どの戦略に効果があり、どの戦略が役に立たないかがわかってくる。

金持ちファイル 2

金持ちになれる人は「成功と富」をめざす

お金に縁のない人は「暮らしに困らないレベル」をめざす

お金に縁のない人は、攻めの姿勢ではなく、守りの姿勢でお金のゲームに臨む。どのスポーツでもゲームでもいいが、守りに徹して戦って、勝利をつかめるだろうか。

お金のことになると、多くの人が「守りの姿勢」になりがちだ。**安全と安定を望むあまり、成功や豊かさまで頭が回らなくなる。**自分の人生のゴール、本当の目的は何なのか。そこを見失ってしまうのだ。

真の大金持ちのゴールは、巨万の富と財産を築き、裕福な暮らしをすることだ。一方、お金に縁のない人の第一のゴールは「自転車操業でもいいから、暮らしに困らない」ことだ。「あなたの考えることが現実になる」という法則を思い出してほしい。**暮らしに困ら**

ないだけのお金を稼ぐことが目標なら、そこが終着点であり、びた一文余分に入ってくることはないのだ。

〝快適な生活〟をめざすだけでは金持ちになれない？

中流階級の人は、少なくとも、もう一歩は前進した考え方をする（この一歩が小さすぎるのが問題だが）。中流階級の第一のゴールとは、彼らがこの世で一番好きな言葉でもある。「快適さ」がそれである。

心地よいところを邪魔して申し訳ないが、快適な生活と金持ちの生活とでは、月とすっぽんほどの違いがあることを指摘しないわけにはいかない。

本当のことを言うと、私もごく最近までこの事実を知らなかった。ただ、私がこの三つの階級をすべて経験した人間だからこそ、この本を書く権利があると信じている。

それこそ、本当に一セントもお金がなく、車のガソリンを買うのに一ドル借りたことさえあるのだ。もちろん、車は私のものではない。しかも、一ドルはお札ではなく、二十五セント玉四つだった。

大の大人がお札ではなく小銭を握りしめて、ガソリンを買いに行くことくらい恥ずかしいことはない。ガソリン・スタンドのアルバイトの高校生には、自動販売機から小銭を盗んできたのかと疑われるわ、笑われるわで、さんざんだった。こんなことが当時は日常茶飯事だったから、経済的にはまさにどん底だった。

この後、私は一念発起し、快適なレベルの中流階級にのし上がった。お金の心配をせずにすむのは、本当にうれしかった。気分転換にまあまあのレストランにも行けるようになった。ただ注文できるのは、チキンだけだった。チキンを食べたい気分なら問題はないが、他のものを食べたいのに、一番安いチキンしか注文できないのはつらい。

残念ながら、経済的にそこそこ「快適」という人たちは、メニューの右端にある値段を見てから何を注文するかを決めるしかない。「今日は何を注文しようか」「そうねえ、七ドル九十五セント（九百円）の料理にするわ。えーと、何かしら。まあチキンだわ。今週はこれで九回目ね」という具合だ。

経済的にそこそこ「快適」な人は、決してメニューの一番下を見てはいけない。そこには、中流階級の辞書ではタブーとされている「時価」という言葉が書かれているからだ。

個人的な経験から言わせてもらえば、金持ちになって本当によかったのは、メニューを見る時に値段を気にしなくていいことだ。値段に関係なく、その時に本当に食べたいものを注文できる。お金に縁のない頃や中流階級だった頃には、考えられない贅沢だ。

要するに、あなたのゴールが快適な生活なら、金持ちには決してなれないが、金持ちになるのがゴールならば、快適さをとことんまで追求できるようになるということだ。

宣言
「私は成功と豊かさをめざす」

ミリオネア・マインド行動指針

1 経済的目標を書き出す。真に裕福な人生を送るために、次の二点について考える。守りではなく、攻めの姿勢で目標を設定する。

A．年収

B．資産総額

金額とあわせて期限も設定しよう。ただし、「希望はなるべく高く設定する」ことをお忘れなく。

…………………

2　高級レストランに行き、「時価」とある料理を、値段を確かめずに注文する。もし予算がきつければ、二人で一皿注文してもかまわない。

金持ちファイル 3

金持ちになれる人は「絶対に金持ちになる」と考える

お金に縁のない人は「金持ちになれたらいいなあ」と考える

たいていの人は「金持ちになれたらいいなあ」と漫然と考えている。「金持ちになりたい、絶対に金持ちになる」と心に決めている人は少数派である。

多くの人の潜在意識には、「金持ちに対する否定的なイメージ」が刻み込まれており、「金持ちはどこかおかしい」という心のささやきを消し去れない。

私は、セミナーで必ず「金持ちになったら、どういう弊害があると思うか」という質問をする。

実際に返ってきた答えを挙げてみよう。

○「せっかく金持ちになっても、全財産を失うことになったらどうしようと不安になる」
○「人が私のことを好きでつきあっているのか、金目当てなのか、わからなくなる」
○「税率が高くなって、財産の半分を税金で持っていかれてしまう」
○「金持ちになる過程で、身体をこわしてしまいそうだ」
○「友達や家族から、何様のつもりだと、批判されそうだ」
○「周囲の人は皆、おこぼれに与《あずか》ろうとするだろう」
○「強盗に入られるかもしれない」
○「子どもが誘拐されるかもしれない」
○「責任が重すぎる。たいへんな財産を管理することになるから、投資も勉強しなくちゃいけないし、節税対策も講じなくちゃいけない。財産を守るために高いお金を払って弁護士や会計士も雇わなくちゃならない。ああ、めんどうくさい」

これ以外にも、様々な答えがあった。

前にも述べたように、心のファイル・キャビネットには、必ずお金に関するファイルが入っている。そして、**大半の人のファイルには、「金持ちになれたらすばらしい」という思いと共に、「金持ちになるのは悪いことだ」という情報が入っている。**これは、心の中に相反する考えが存在しているということだ。

一方が「お金がもっとあれば、人生をもっと楽しめる」と言えば、すかさず「でも金儲けをするには、馬車馬のように働かなくちゃだめだ。それのどこが楽しいんだ」と反対する声が上がる。

また一方が、「世界中を旅行できる」と言えば、「いや、世界中の皆がおこぼれを期待して、手を出してくるぞ」とまぜ返す。この相反するメッセージの混在こそ、大多数の人が決して金持ちになれない大きな理由の一つなのである。

お金は〝考えが一貫していない人〟を嫌う

こう考えてみてはどうだろう。宇宙（これは神を含む人知を超えた存在の別名だが）は、大規模な通販会社と同じである。あなたは、自分の願望をエネルギーという形で宇宙に注文する。すると、宇宙はなるべくあなたの要望に答えようと最善を尽くす。

ここで、あなたが相反するメッセージを送り出していると、宇宙は混乱して何を送ればいいのか、わからなくなる。

たとえば、金持ちになりたいというメッセージを受け取った宇宙が、金儲けのチャンスを送り出す準備をしていたとする。ところが、その直後に「金持ちは強欲だ」というメッセージが届いたので、宇宙はお金を失う手だてを送り出す準備を始めた。

すると、「お金がたくさんあれば、人生を十分楽しめる」と、またしても逆のメッセージを受信した。かわいそうに、宇宙はもう一度金儲けのチャンスを送り出す準備を始めた。

翌日になって、イライラしていたあなたは、つい「お金なんか重要ではない」と考えてしまった。こうなると宇宙は堪忍袋の緒が切れて怒鳴り出す。

「いい加減にしろ。コロコロ考えを変えてばかり。希望はかなえてあげるから、何が望みか言ってくれ!」

大多数の人が本当に望むものを手に入れられないのは、自分が本当は何を望んでいるか、わかっていないからだ。

金持ちになれる人は、財産が欲しいとはっきり自覚している。欲しいとなったら、絶対に迷ったりしない。法や道徳倫理に反しない限り、財産を築き上げることに全力を注ぐ。

ところで、前段の文章の最後を読んで、「金持ちは法や道徳倫理なんかお構いなしじゃないのか」と心の中でつぶやいた人がいるはずだ。そんな人にひと言。本書を手にしたのは、本当に賢い選択だった。こうした考え方がどんなに有害かわかっただけでも、大きな進歩である。

お金に縁のない人は、本音は金持ちになりたいと思っているのに、「金持ちには問題が多い」という考えを捨てることができない。その結果、自分が本当に金持ちになりたいかどうか、混乱してわからなくなっている。宇宙に送り出すメッセージも混乱してくるわけだ。

「金持ちになりたい」と言いながらお金に縁がないのは、本心では金持ちになりたくないか、財産を築くための努力を惜しんでいるかのどちらかだ。

ここでは、そんな〝一生懸命〟は通用しない

話を先に進めよう。実は、欲求には三つのレベルがある。

第一のレベルは「金持ちになれたらいいと考えるレベル」、つまり「努力せずにタナボタをねらう」レベルだ。ただ欲しがるだけ、望むだけで希望がかなうほど、世の中は甘くない。同じところをグルグル回るだけで、金持ちになる見込みはゼロである。

第二のレベルは、「金持ちになることを自ら選択するレベル」、つまり、金持ちになろうと決心するレベルだ。英語の Decision（決心）という単語は、ラテン語の decidere から派生した言葉で、「他の選択肢を抹消する」という意味がある。このレベルは単なる欲求

と比べると、はるかに強いエネルギーを生み出し、実現に向けた行動につながっていくだろう。

第三のレベルは「絶対に金持ちになると決めているレベル」、つまり、全身全霊をささげて努力するというレベルだ。それこそ一〇〇〇パーセントの努力をして、金持ちになるという目標を追求し、勝利をつかむまで最大限の努力を惜しまない。これはまさしく戦士と呼ぶにふさわしい。言い訳も、後悔も、失敗も許されない戦士の生き方は単純明快だ。

「絶対に金持ちになってみせる」

試しに自分で言ってみたらどうなるだろう。自信が湧いてくるだろうか、萎縮してしまうだろうか。

「死んでも金持ちになってみせる」と言い切れる人はそう多くない。「この先十年を賭けて、財産を築く決意があるか」と聞かれれば、大多数は「とんでもない」と答えるだろう。

金持ちとお金に縁のない人の差はここにある。全力で金儲けに専念する決意がないのだから、金持ちであるはずもなく、この先、金持ちになれる見込みもない。

人によっては、「俺は一生懸命働いているよ。金儲けに一心不乱に専念しているよ」と反論してくるかもしれない。私の答えはこうだ。

「努力しているだけじゃ話にならない。全身全霊をささげて最大限の努力をするということは、文字通り、自分のありったけのエネルギーをつぎ込む覚悟があるということだ。**金持ちになれない人は、努力する量をあらかじめ考えてスタートしがちだ。また、どれだけ危険を冒すか、どれだけ犠牲を払うか、すべてに上限を設けている**のだ。表面上は、一生懸命でも、これは嫌だ、あれはできないと、様々な条件をつけて、なまけたがる」

きつい言い方かもしれないが、**「楽して金持ちになる方法」などあり得ない。**もし苦労せずにお金を儲ける方法を伝授するという輩《やから》がいたら、まゆつばと疑ってかかるに越したことはない。

✳︎〝奇跡の力〟が応援してくれる一〇〇〇パーセントの覚悟

私の経験から言わせてもらうと、金持ちになるには、集中力、勇気、知識、技能、一〇〇〇パーセントの努力、不屈の精神、そして金持ちの考え方、すなわちミリオネア・マインドが必要である。**また自分には金儲けの才覚があり、金持ちになるのにふさわしいと心の底から信じる**ことも大切である。

一日に十六時間働く覚悟があるか。金持ちになれる人は働く。週七日休みなしに働けるか。家族や友達と過ごす時間、趣味やレジャーの時間を犠牲にして頑張れるか。金持ちになれる人は頑張れる。成功の保証などないビジネスに、自分のお金と時間とエネルギーのすべてを賭けられるか。金持ちになれる人はそんなリスクをものともしない。

金持ちになれる人は、どれだけの犠牲を払ってでも、成功するまで努力し続ける覚悟を持っている。どんなことでもいとわずにやる。あなたにも同じことができるだろうか。

ここでおもしろいのは、何かに全身全霊をささげて取り組むようになると、宇宙はその望みをかなえようと懸命に応援してくれることである。私の好きな一文を紹介しよう。探検家W・H・マレーがヒマラヤ遠征中に書いた一節である。

「全身全霊をささげて取り組まない限り、引き返すべきかという迷いや無力感がつきまとうものだ。行動を開始するにあたっては、ある基本的な真理の存在を知るべきである。もしこれを無視すれば、数多《あまた》のアイデアや計画が水泡に帰すだろう。その真理とは、**全身全霊をささげて専念した瞬間に、神意が働き出す**ということだ。夢にも思わなかった様々な偶然や出会い、物的支援に恵まれるのである」

わかりやすく言い換えれば、全身全霊をささげて専念する人に、奇跡も起きるということだ。何はともあれ、断固たる決意を持って事に当たらなければならないのである。

宣言

「全身全霊をささげて金持ちになってみせる」

ミリオネア・マインド行動指針

1　**金持ちになることに価値を置く理由を明確にする。**具体的に書き出すこと。

2　**あなたに手を差し伸べてくれる友人や家族に話を聞いてもらう。**より大きな成功を手にするために、自分の決意を人前で宣言しよう。そして胸に手を当てて、相手の目を見つめながら、次のように言う。

「私、□□□□（あなたの名前）は、□□□□（日付）までに成功して、大金持ちになって百万ドル（一億一千万円）以上の財産を築くことを、ここで宣言します」

相手に「あなたの宣言を信じます」と言ってもらう。最後に「ありがとうございます」とお礼を言うのを忘れないこと。

（注）宣言の前と後で、どう感じたかに注目してほしい。ある種の解放感を感じた

……………

り、一抹の不安を感じたりしたなら、それは成功への道を歩み始めた証拠だ。もし違和感を覚えるようなら、「必要とあらば、どんなこともやってみせる」という境地にはまだまだ達していない証拠である。

金持ちファイル 4

金持ちになれる人は「大きく考える」
お金に縁のない人は「小さく考える」

私の主宰するセミナーの講師の中に、わずか三年で資産を二十五万ドル（二千七百五十万円）から六億ドル（六百六十億円）に一気に増やした人がいた。秘訣を尋ねると、「大きく考え始めた瞬間に、すべてが変わった」という答えが返ってきた。

ここで、**「あなたが市場にもたらす価値に比例して収入が決まる」**という収入の法則を紹介しよう。

キーワードは、「価値」である。あなたの市場価格は、四つの要素によって決まる。それは、需要、供給、質、量だ。私の経験では、たいていの人が困難を感じるのは量である。ここで言う量とは、「実質的な価値をどれだけ市場にもたらすか」である。別の言い方をすれば、「何人の人に実質的な影響を与えるか」ということだ。

たとえば、セミナー・ビジネスには、いろいろな講師がいる。二十人程度の小クラスを教えるのを好む講師、百人は大丈夫な講師、五百人でも平気な講師、千人から五千人、さらにはもっと多くの聴衆を前にしたほうが調子が出る講師と様々だ。そして、この講師たちの収入は、教える人数によってとんでもなく大きな差がある。

ネットワーク・ビジネスでも同じことが言える。十人のメンバーを持つ人と、一万人のグループがいる人とでは、収入に雲泥の差があるはずだ。

私はフィットネス機器の小売りチェーンを所有していた。このビジネスを始める前から、何万人もの顧客を開拓し、百店舗開店を目標としていた。一方、私の半年後にビジネスをスタートさせた競争相手は、小売店を一店開店できればいいと考えていた。最終的に彼女の店も成功したが、それなりの収入しか入ってこなかった。私はと言えば、金持ちになれた。

どんな生き方をしたいか。どんなゲームプランを持っているか。メジャーリーグでプレーするか、マイナーリーグでプレーするか。大きな目標を持って人生に臨むか、それとも小さな目標で満足か。それはあなた次第だ。

ほとんどの人は小さな目標を掲げて生きている。それは、恐怖心があるからだ。失敗が死ぬほど恐いのはもちろんだが、成功するのはもっと恐いのだ。

もう一つの理由は、自分を取るに足りない価値のない人間だと感じているからだ。自分に人の人生を変えるだけの力があるとは到底思えないのだ。

あなたは、何らかの形で世の中に貢献するために生まれてきた。この機会に、なぜ自分がこの世に生を受け、どんな使命を持っているのかをぜひ考えてみてほしい。

成功する起業家に共通する〝使命感〟

自己中心的で、まるでこの世は自分を中心に回っているかのように振る舞う人が多い。しかし、物心両面で豊かな人生を送りたいと願うなら、自己中心的な生き方をあらためなければならない。偉大な建築家のバックミンスター・フラーはこう言っている。

「私たちの人生の目的は、現在、そして未来の世代の人々のために新たな貢献をすることである」

誰でも、何か一つは特別な才能を持って、この世に生まれてくる。こうした才能は、他者のために使うようにと、神から与えられたものである。**一番幸福な人とは、自分の才能を最大限に活用している人だ。**人生の目的は、自分の才能を生かして、なるべく多くの人を助け、よい影響を与えることなのだ。

起業家の定義を知っているだろうか。私は「他人の問題を解決してあげて利益を得る人」と定義している。起業家とは、まさしく問題を解決する人以外の何ものでもないのだ。同じ問題を解決するなら、少人数を対象にするのと、千人、万人の単位を対象にするのとどちらがいいかは明白だ。影響を与える人数が多くなればなるほど、あなたの人生は、心理的、感情的、精神的、そして何よりも、経済的に豊かになる。

誰でも必ず何らかの使命を持って、この世に生まれてくる。あなたの人生には、必ず意味があるのだ。リチャード・バックは、著書『かもめのジョナサン』の中で、こう問いかけている。

「自分の使命を達成したかどうか、どうしたらわかるのか」

それに対する答えは、「まだ息をしていたら、仕事は終わっていない」であった。

私はこれまで、あまりにも多くの人が、自分の使命を果たしていないのを、嫌というほど目にしてきた。どれだけ多くの人が小さく考えすぎているか。どれだけ多くの人が、恐怖心に駆られて自己中心的な考えをしているか。

自分の能力を最大限に発揮して、自分の使命を果たし、他者に貢献することをめざしてほしい。

小さく考え、小さく行動していると、一文無しで欲求不満の一生を送ることになる。大きく考え、大きく行動すれば、お金と生きる意味を手にできる。

どちらがいいかを選ぶのは、他でもないあなたなのだ。

宣言

「私は大きく考える。何千人、何万人もの人に貢献する道を選ぶ」

ミリオネア・マインド行動指針

1　自分が生まれつき持っていると思われる才能（生まれつき得意なこと）をすべて書き出す。次に、人生のいろいろな場面（とくに仕事）で、これらの才能を、どこで、どのように利用できるかを書き出す。

2　グループをつくり、ブレーンストーミングをする。今、仕事やビジネスで影響を与えている人たちは何人いるか。その十倍の人たちの問題を解決するにはどうしたらいいか。最低でも三つの異なる戦略を立てること。テコの効果も考慮すること。

………………………………

金持ちファイル 5

金持ちになれる人は「チャンス」に注目する

お金に縁のない人は「障害」に注目する

金持ちになれる人には「チャンス」が見える。お金に縁のない人には「障害」が見える。

金持ちになれる人は「成長の可能性」がわかる。お金に縁のない人は「失敗の可能性」がわかる。金持ちになれる人は「報酬」に注目し、お金に縁のない人は「危険」に注目する。つまり、金持ちになれる人は「コップには水が半分も入っている」と考え、お金に縁のない人は「半分しか入っていない」と考えるということだ。

ここでは、あなたの習慣になっている「ものの見方」に注目してほしい。**お金に縁のない人は恐怖に駆られて選択をする。**彼らはどんな時でも、うまくいかない、またはいきそうにないことばかり探し求める。彼らの考え方の基本は「もしうまくいかなかったら、どうしよう」であり、最初から「うまくいくはずがない」と、あきらめてしまうことも多い。

中流階級は、これよりはやや楽観的で、いつも「うまくいくといいなあ」と思っている。

金持ちになれる人は、どんな結果であろうと責任を取り、**「絶対にうまくいく。俺がうまくいかせてみせる」**と考えながら行動する。

✳金持ちになれる人は〝計算されたリスク〟を取る

一般的に言って、見返りが大きければ大きいほど、それに伴う危険も大きくなる。金持ちになれる人は、常にチャンスを見逃さず、危険を冒す心の準備ができている。たとえ最悪の結果に終わっても、いつでも損は挽回できると信じているのだ。

反対に、**お金に縁のない人は失敗することを予想している。**自分自身にも、自分の能力にも自信を持てないからだ。もし万一失敗したら、取り返しのつかないことになると思っている。常に障害ばかりが見えてしまうので、危険を冒したがらない。**安全第一なので、当然、見返りもない。**

危険を冒すことが必ずしも失敗につながるとは限らない。金持ちになれる人は計算されたリスクを取る。事前に綿密に調査し、評価をし、確実な情報と事実に基づいて決定を下すのである。できるだけ短期間で必要な情報をまとめ上げ、やるだけの価値があるかどうかを判断するのだ。

お金に縁のない人は、「チャンスを探している」と口では言っているが、実際には立ち往生しているだけだ。恐がるばかりで動けず、何週間、何カ月、時には何年も足踏み状態でいる。その頃には、チャンスはどこかへ行ってしまっている。そして、そんな自分を正当化するために、「準備に時間がかかったんだ」などと言う。

お金に縁のない人が「準備に時間をかけている」間に、金持ちはまた新しい事業を興して成功し、財産をさらに増やしていくのだ。

「幸運」とは〝勇気と努力の報酬〟

私が自分の行動に責任を取ることの重要性を強調した後で、こんなことを言うと奇妙に思われるかもしれないが、**金持ちになり、成功するには、いわゆる「幸運」が関係しているようだ**。

これまで私は、「ど田舎に土地を買っておいたら、十年後に大企業がそこにショッピングセンターを建設することになった」といった〝幸運な人〟の話を何度も聞いた。もちろん、この人は大儲けしたわけだが、この土地を購入したのは、先を見越しての賢い選択だったのか、それともただ運がよかっただけなのだろうか。その両方だと私は思う。

ここで強調したいのは、**幸運を呼び込むには、何らかの行動を起こさなければならない**という事実だ。経済的に成功したければ、何かを購入するか、何かのビジネスを始めるか、とにかく行動を起こす必要がある。

行動を起こして初めて、その勇気と努力の報酬が期待できるし、人知を超えた力(運と呼んでもいいし、宇宙、天上の神と呼んでもいい)も手助けしてくれる。これが「幸運を呼ぶ」ということである。

金持ちにチャンスが〝雪だるま式〟に増えるわけ

金持ちになれる人とお金に縁のない人のもう一つの大きな違いは、**金持ちになれる人は「自分の欲しいもの」に意識を集中させるのに対し、お金に縁のない人は自分の欲しくないものに意識を向ける**ことだ。

「何かに意識を向けると、それはどんどん拡大していく」という法則を紹介したが、金持ちになれる人はチャンスに注目するから、チャンスがどんどん増えていく。彼らの頭痛の種は、いいチャンスが多すぎてどれを選ぶか迷うことだ。反対に、お金に縁のない人は障害にばかり注目するので、障害がどんどん増えていく。彼らの頭痛の種は問題が山積みで、どこから手をつけていいかわからないことだ。

時間とエネルギーは、自分の欲しいものを手に入れるために使うべきだ。

もちろん、チャンスに意識を向けていたからといって、途中で問題が何も出てこないとは言わない。問題が起きたら速やかに対処し、また目標に目をもどせばいい。限られた時間とエネルギーを効果的に使える人が、目標に向かって着実に前進できるのだ。

また、未来に起こること、起こらないことをすべて知りたいと願うのは、実にバカげている。先のことは必要以上に気にせずに、今ある知識や経験を頼りに、とりあえず行動を起こそう。それには「飛び込む前に足をちょっと濡らしてみる」ようにすればいい。

たとえば、将来仕事をしてみたい業界があるなら、どんな形であれ、経験のために足を踏み入れてみることをお勧めする。

実際にビジネスの裏側を見られるし、外部にいては決して接する機会のない人とコネクションもできる。また、今まで思いも寄らなかったニッチ市場を開拓できることもあるだろう。もちろん、自分には向いていない仕事だとわかることもある。深入りする前に気づけば、ありがたいことではないか。

私のモットーは、「何もせず過ごすよりは、何か行動を起こすほうがよい」だ。金持ちになれる人はとにかく初めの一歩を踏み出してみる。ゲームが始まれば、その都度、適切な判断をし、軌道修正できると確信している。

お金に縁のない人は、自分自身にも、自分の能力にも自信がないから、事前にすべてがわかっていなければ行動が起こせないとグズグズしている。一方、金持ちになれる人は、「用意、ねらえ、撃て」という積極的かつスピーディな行動で、成功を収めることが多い。

お金に縁のない人は「起こり得るすべての問題を考慮し、その対策がわかるまでは何もできない」と言い訳しながら、何もせずに過ごすのだ。何もしないのだから、成功するわけがない。

金持ちはチャンスを見つけると飛びついて、もっと金持ちになる。お金に縁のない人はどうかって？　お金に縁のない人は、いつまでたっても「準備中」なのだ。

宣言

「私は障害ではなくチャンスに注目する」

ミリオネア・マインド行動指針

1 とりあえず行動を起こす。今までに興味を持ったことのあるプロジェクトを書き出す。これ以上、先延ばしにしてはいけない。できれば、最初は仕事のコツを覚えるために、誰かと組むとよい。すでに十分な知識と経験を持っているなら、言い訳はやめにして、とにかく始めよう。

2 楽観的に考える。誰かに、それは問題だとか、障害になるとか言われたら、心の中で「だからこそチャンスなのだ」と考えよう。消極的な考えの持ち主からは嫌われるだろうが、どちらにしても嫌われるわけだから気にすることはない。

3 自分の「弱み」ではなく、「強み」に注目する。自分の資質の中でも〝強み〟と感じるものを十個書き出し、声に出して読み上げる。これから三十日間、毎朝このリストを読み上げる。自分が持っている資質に価値があると思えないなら、後生大事に持ち続ける必要はないし、今以上に資質が増えることもないだろう。

金持ちファイル 6

金持ちになれる人は「成功者を賞賛する」

お金に縁のない人は「成功者をねたむ」

お金に縁のない人は、他人の成功にやきもちをやき、ねたみ、恨む傾向がある。「運がいいだけさ」と切り捨てるか、「金持ちだと思って偉ぶりやがって……」と鬱屈した思いを募らせる。

どんな形にせよ、金持ちを悪人に仕立て上げ、自分は善人でいたい人は、決して金持ちにはなれない。自分が嫌悪するものになれるわけがないからだ。

お金に縁のない人が金持ちを見下し、バカにしているのを見ると、その恨みの深さに私はいつも驚かされる。まるで、金持ちが彼らを貧乏に追い込んだとでも信じているようだ。

「そうさ、金持ちがこの世のお金を全部持っていっちまうから、俺たちには何も残らないんだ」とでも言いたげだが、これは被害妄想以外の何ものでもない。

ここで一つ実例を紹介したい。

昔、私がまだお金に恵まれなかった頃は、ボロ車を運転していた。ハイウェイで車線変更する時に邪魔されたことはなかったし、誰でも快く前に入れてくれたものだった。

ところが金持ちになり、黒いピカピカのジャガーの新車に乗り出したとたん、状況は一変した。突然前に割り込んでくる車が増えたし、運転手が中指を立てて軽蔑を表わすことも急に増えたのだ。ものを投げつけられることさえあった。理由は「ジャガーに乗っているから」である。

ある年の暮れ、ジャガーに乗って、サンディエゴのスラム街でクリスマスの七面鳥を配って歩いていた時のことだ。後ろから、荷台に汚らしい男を四人乗せたピックアップトラックが近づいてきた。そして、トラックに乗った男たちは、バスケットボールをするように、私の車の空いていたサンルーフめがけて、空のビール缶を投げ込み始めた。

車に数え切れないひっかき傷と五つのへこみ傷をつけたところで、彼らは「金持ちのバカ野郎！」という罵声をあびせ、私の車を追い抜いていったのだった。

この事件は「運が悪かっただけ」と思った私が甘かった。二週間後に、別のスラム街で路上駐車をして十分もしないで車に戻ったが、時すでに遅く、誰かが鍵で車の片側全部に傷をつけた後だった。

その次にスラム街に行く用事があった時は、フォードのエスコートを借りて運転して行った。驚いたことに、今回は何の問題も起きなかった。

貧しい地域に悪人が住んでいるなどと言うつもりはさらさらないが、貧しい地域に金持ちを恨んでいる人がたくさん住んでいるのは確かだ。

金持ちは〝強欲でお高くとまっている〟のは本当か？

これまで、たくさんの人が「金持ちの善人、あるいは金持ちで精神性の豊かな人はいない」と教え込まれてきた。私も昔はそう思っていた。友達や先生、メディアも含めた社会全体から、金持ちは悪人で強欲だと言われ続けてきたのだ。

しかし、これもまるでナンセンスな話だ。実際の大金持ちは本当にすばらしい人たちだという事実を、私はこの目で確かめてきた。

サンディエゴでは、最も裕福な地域に住むことにした。家も環境も申し分なかったが、知り合いもいないので、うまく溶け込めるか不安だった。しばらくはおとなしくしていて、お高くとまった金持ちとはあまり交際しないようにしようと思っていた。

ところが、私の子どもたちは、当時五歳と七歳で、あっと言う間に近所の子どもと仲良くなり、すぐに近くの邸宅まで子どもを送っていくことになってしまった。

高さ六メートルはあろうかという凝った彫刻を施したドアをノックした日のことは、今でも覚えている。母親がドアを開け、とても人なつこい声で、「ハーブ、お会いできて光栄だわ。どうぞ中にお入りください」と中に招き入れてくれたのだ。アイスティーと果物を出されて、しばし当惑してしまった。「何か目的があるのだろうか」と疑い深く考えたものだった。

すると、ご主人も子どもたちと遊んでいるプールから出てきて、奥さんよりさらに人なつこく、こう言った。

「ハーブ、引っ越してきたばかりだって。歓迎するよ。今夜、家でバーベキューをするから、家族みんなで来てくれ。他の人もみんな紹介してあげるから、絶対来てくれよ。ところで、ゴルフはするのかな。明日プレーする予定だから、私のゲストとして近くのゴルフクラブに一緒に行かないか」

ここでもう、私は大ショックを受けていた。「お高くとまった」金持ちはいったいどこに行っちまったんだ？　すごすご家に帰って、妻にバーベキューに招待されたことを伝えた。すると、「あら、何を着て行ったらいいのかしら」と言うので、「心配しなくてもだいじょうぶさ。本当に気のいい人たちで、格式ばっていないから、その服のままで十分さ」と答えた。

その晩のバーベキューでは、今まで会った中でも、最も温かくて、気前がよくて、思いやりのある人たちに出会った。話題がゲストの一人が主催するチャリティのことになると、皆が小切手帳を出してきて、信じがたいことに、寄付金の小切手を切り始めたのだった。

寄付に関しては、ある申し合わせができていた。誰かの主催するチャリティに寄付したら、寄付を受けた人は寄付してくれた人が援助するチャリティに同額の寄付をするというものだ。その晩の出席者は、全員が主催または援助という形で何らかのチャリティに関わっていたのだ。

バーベキューの主催者である一家も、いくつかのチャリティに関わっていた。事実、彼らは毎年、サンディエゴの小児専門病院基金に一番多額の寄付をしてきたのだ。何万ドルも寄付するだけでなく、毎年チャリティディナーを自ら企画し、さらに何十万ドルという寄付を集めていた。

また、世界でも指折りの静脈瘤《りゅう》の専門医もいた。彼とは家族ぐるみのつきあいをするようになったが、彼はすでに巨額の財産を築いていた。一日に四、五件の手術をこなし、一回の手術料は五千ドル（五十五万円）から一万ドル（百十万円）だった。

ここで彼の話を持ち出したのは、彼が火曜日は無料で治療をしていたからだ。手術料を払えないサンディエゴ市民への奉仕活動として、タダで手術をするのだ。火曜日には朝六時から夜十時まで予約を入れ、十件から十五件の手術をしていた。それだけではなく、無料の手術提供を広める慈善団体を自ら主宰していた。

「金持ちは強欲でお高くとまっている」という考えが、この現実を前に跡形もなく崩れ去ったのは言うまでもない。大金持ちはすばらしい人たちで、しかもすこぶる気前がいいのだ。

何も、お金に縁のない人がケチでひどい人間だと言っているのではない。ただ、金持ちが悪人だという考えは自分の無知をさらけ出しているだけだと言いたいのである。

✳自分の望むものを〝祝福〟すべし

金持ちをうらやみ、ねたむ人は、一文無しの状態から一生逃れられない。この呪縛から逃れるためには、うらやみ、ねたむのをやめる練習を積むしかない。ねたむ代わりに、金持ちをほめてみてほしい。金持ちを祝福してほしい。金持ちを好きになってほしい。

ハワイの原住民、フナ族の古い言い伝えで、私の信条でもある言葉をここで紹介しよう。

「自分の望むものを祝福すべし」

もし素敵な邸宅を見たら、家とその住人を祝福する。もしカッコいい車を見たら、車とその持ち主を祝福する。もし温かい家族を見たら、その家族みんなを祝福する。もし素敵なスタイルの人を見たら、その体型とその人を祝福するという具合だ。

ここで重要なのは、たとえ何であれ、人の持ちものをねたんでいるようでは、決して自分のものにはできないということだ。

つまり、黒いピカピカのジャガーの新車のサンルーフが開いていても、絶対にビールの空き缶を投げ込んだりしてはいけないのである！

宣言

「私は金持ちをほめる」
「私は金持ちを祝福する」
「私は金持ちを愛する」
「そして私も、必ず金持ちの仲間入りをする」

ミリオネア・マインド行動指針

1 自分の望むものを祝福する。車であたりをドライブしてもいいし、雑誌を買ってもいいから、美しい大邸宅、カッコいい車、成功した人の経験談などを見つけ、気に入ったものがあったら、それとその持ち主を祝福する。

2 成功した人に手紙またはメールを書く。どんな分野でもかまわないし、個人的に知っている必要はない。その人をどれだけ尊敬しているか、またどれだけ彼らの業績を誇りに思っているかを相手に伝える。

金持ちファイル 7

金持ちになれる人は「成功した人」とつきあう

お金に縁のない人は「失敗続きの人」とつきあう

学習の基本は、誰かをお手本にすることである。

成功者は、他の成功している人とつきあうことで刺激を受け、自分も頑張ろうと思う。相手の優れたところをお手本として、「あの人にできるなら、自分にもできるはずだ」と何かを学ぼうとするのだ。

金持ちになれる人は、誰かが先に成功してくれたことに感謝している。お手本を真似すれば、苦労せずに成功を手に入れられるからだ。こうすれば成功できるという方法が、すでに確立されているから、ゼロから模索する必要がないというわけだ。

実際に金持ちになった人の方法を学ぶことが、金持ちの仲間入りをする一番手っ取り早

い方法だ。その人の内面と外面、両方の戦略を真似すればいい。金持ちとまるで同じ考え方をして、同じ行動を取ったら、同じ結果が出ると期待するのは当然のことだろう。

逆に、お金に縁のない人は他人の成功話を聞くと、勝手に値踏みしたり、批判したり、からかったりして、自分と同じレベルまで相手を引きずり下ろそうとする。

✳金持ちになれる人は〝人生の勝者〟とだけつきあう

金持ちになれる人は人生の勝者とのみつきあう。そして、金持ちになれる人は、成功した人と一緒にいると、居心地よく感じる。自分には彼らとつきあうだけの価値があると信じている。

一方、お金に縁のない人は、大成功した人と同席すると、居心地が悪くてたまらない。成功者の輪に加わろうとしても拒絶されるだろうとか、自分の居場所がないと感じてしまう。そして、自分のエゴを守ろうと、相手を批判したり、難癖をつけたりする。

もし金持ちになりたければ、自分の心の設計図を書き換えて、どんなにすごい億万長者も、自分と何ら変わらないのだと固く信じることが必要だ。

私のセミナーで、「本物の大金持ちに触ったことがないので、触ってもいいですか」と言ってくる人がたまにいる。顔はニコニコ笑って何も言わないが、内心では、「勘弁してくれ。あなたと私にはまるっきり違いがないことがわからないようでは、いつまでたってもお金に縁のないままで終わってしまうぞ」と思っている。

金持ちを触ったところで、何の御利益もない。自分には金持ちと同じくらい価値があり、有能だと信じて行動しなければ、何も変わらないのだ。もし金持ちに触ってみたければ、「自分が金持ちになるのが一番」というのが私のアドバイスだ。

私の言わんとすることを理解していただけたろうか。金持ちを無視するのではなく、手本とし、金持ちを避けるのではなく、つきあってみること。**「金持ちは特別だ」と思わずに、「金持ちにできるなら、自分にだってできる」と信じること。**そうすれば、金持ちになった自分を好きなだけ触ることができるのだ。

宣言

「私は成功して金持ちになった人を手本とする」
「成功して金持ちになった人とつきあう」
「金持ちにできるなら、自分にだってできる」

ミリオネア・マインド行動指針

1 成功し巨万の富を手にした人の自伝を見つけて読む。 例としては、アンドリュー・カーネギー、ジョン・D・ロックフェラー、メアリー・ケイ、ドナルド・トランプ、ウォーレン・バフェット、ジャック・ウェルチ、ビル・ゲイツ、テッド・ターナーなどが挙げられる。とくに自伝の中の金持ちの考え方に注意を払おう。

2 高級なテニスクラブ、スポーツクラブ、ゴルフクラブ、またはロータリー・クラブなどに入会する。 豪華な雰囲気の場所で金持ちとつきあうようにする。予算上それが無理であれば、高級ホテルのレストランでお茶を飲むだけでもいい。

3 否定的な人間や否定的な状況を極力避ける。 もし家族に否定的な人間がいる場合は、接する時間をなるべく減らすようにする。

4 くだらないテレビ番組を見るのをやめる。 災害、殺人といった悪いニュースもなるべく見ないようにする。

金持ちファイル 8

金持ちになれる人は、セールスに「積極的」である

お金に縁のない人は、セールスに「消極的」である

私の経営するピーク・ポテンシャルズ・トレーニング社では、様々なセミナーのプログラムを提供しているが、最初に他のコースを受講すれば、ミリオネア・マインド集中講座の受講料が割引になる。

この話をすると、多くの人は色めき立ち、他のコースの内容と割引率に興味を示す。ところが、中には全く無関心な人もいる。セミナーの内容がどれほど意義深いものだろうと、せっかくの成長のチャンスを苦々しく思っているようなのである。

成長なんて自分には関係ないという姿勢は、成功を阻む最大の障害となる。セールスやプロモーションに対して消極的な人は、成功に見放されているのだ。

自分で会社を経営したり、一つの部署を任されたりしているなら、自分の存在そのものは言うに及ばず、扱っている商品やサービスを宣伝しなくてはいけない。雇われの身であったとしても、自分の能力を積極的にアピールしなければ、他の誰かに先を越され、昇進のチャンスをふいにすることもあるだろう。

金持ちはリーダーであり、偉大なリーダーは「売り込み」がうまい

金持ちとは、通常リーダーであり、偉大なリーダーは売り込みがうまいものである。そして、優れたリーダーは高額の報酬を稼ぐ。

リーダーになるためには、支持者と信奉者がいなければならない。そのためには、自分の理想をたくみに売り込み、人々をその気にさせなければならない。

アメリカ大統領ともなれば、自分のアイデアを実現するために、国民や議会のみならず、自分の所属する政党にも売り込みをかける。もちろんその前に、自分自身を大々的に売り込んで、大統領に選出されなければ話にならないわけである。

つまり、売り込みのできないリーダー、あるいは売り込みをしようとしないリーダーは短命に終わる。それは政治、ビジネス、スポーツの世界でも同様である。

ここで重要なのは、**売り込みが好きか嫌いかではなく、なぜ売り込みをするか**である。それは結局、「自分が何を信じているか」ということに関係する。

自分は価値のある人間だと信じているか。売っている商品やサービスに自信があるか。自分が売り込もうとしているものは、本当に相手にとって価値があると信じているのか。

もし、自分や自分の扱っている商品には価値があると心から信じているなら、それを必要としている人たちの目に触れないようにするのは間違いである。

たとえば、あなたには関節炎を治す技術があるとしよう。もし関節炎の痛みで苦しんでいる人に出会ったら、あなたは自分の能力を隠そうとするだろうか。相手があなたの能力に気がつくまで、黙って待つのだろうか。

積極的に売り込みができないのは、商品に自信がないか、自分の力を信じられないからだ。そういう人は、あらゆる手を使って自分の価値を皆に知ってもらおうとする人の存在さえ信じられないのである。

自分なら本当に役に立つものを提供できると思うなら、そのことを世の中に広く知らしめなければならない。

それは人助けにつながることだし、何よりも金持ちになる近道なのだ。

宣言

「私は情熱を持って、自分の価値を売り込む」

ミリオネア・マインド行動指針

1 現在扱っている（またはこれから扱おうとしている）商品またはサービスの価値にどれぐらい自信を持っているかを、十段階で評価する（1が最低、10が最高）。7～9点の場合、もっと改善が必要である。6点以下の場合、そんなものを売るのはやめて、本当に価値があると信じられるものを売るようにしたほうがよい。

---

2 いろいろな本を読み、セミナーのCDを聞き、マーケティングや営業の研修を受ける。一〇〇パーセントの自信を持って自分の価値を売り込めるように、専門的な知識を身につける。

金持ちファイル 9

金持ちになれる人は、自分が抱える問題より「器が大きい」

お金に縁のない人は、自分が抱える問題より「器が小さい」

金持ちへの道は、公園の遊歩道とは全く違っている。つまり、急カーブ、曲がり角、回り道、障害物が次々と出てくる長い道のりなのだ。金持ちになるには、こうした障害や落とし穴を次々に攻略していかなくてはならない。しかし、たいていの人は、面倒に巻き込まれるのは嫌だし、頭痛の種になるようなことはお断りだし、責任を負うのも遠慮したいと思い、問題を避けて通ろうとする。

金持ちになれる人とお金に縁のない人の最大の違いはここにある。**金持ちになれる人は自分が抱える問題よりも器が大きいが、お金に縁のない人は自分が抱える問題よりも器が小さい。**

お金に縁のない人は、問題を避けるためならどんなことでもするし、面倒に巻き込まれそうになると、一目散に逃げ出してしまう。

成功するには、問題を避け、息を潜めるのではなく、どんな問題にも対応できるだけの力量を身につけるべく、自己鍛錬を怠らないようにするしかない。

十段階評価で「レベル2」程度の力量しかない人間が、「レベル5」の問題に直面すれば、大問題だと感じるだろう。しかし、努力を重ね、「レベル8」の力をつけたなら、あら不思議、同じ「レベル5」の問題が取るに足りない小さな問題に見えてくる。

そしてさらに自分を磨き、「レベル10」まで能力を高めれば、「レベル5」の問題を「問題」と認識することさえなくなるだろう。

✳〝大きな問題〟を抱えている人ほど器が小さい

金持ちだろうが、お金に縁のない人だろうが、大きな勝負に打って出ようが、ちんまりとおとなしくしていようが、生きている限り、何らかの問題にぶち当たることは避けられない。ただ、どんなに大きな問題に直面したとしても、あなた自身の器が大きければ恐れることはない。

少々、厳しい言い方かもしれないが、**今、大きな問題を抱えているというなら、それはあなた自身の器が小さい**ということだ。

外面の世界は、内面の世界を映し出していることを思い出してほしい。今後はどんな問題にぶつかったとしても、問題の大きさを云々するのではなく、まずは自分の器の大きさに注目することだ。

富の原則…… 今、大きな問題を抱えているということは、あなた自身の器が小さいということだ。

セミナーの参加者には、**大きな問題に突き当たったと感じたら、自分を指さしながら、「小さい、小さい、小さい!」と大声で叫ぶ**ように話している。

そうすれば、ハッと我に返って、最も注目すべき課題、すなわち自分自身に注意を向けることができる。

問題解決能力が高まれば、責任の重い仕事を引き受けることも、より大きくビジネスを展開することもできる。従業員の数を増やして、さらに顧客を開拓すれば、もっと大きな収益を上げられるようになり、ひいてはあなたが手にする富も大きくなる。

富は人間としての成長度によって決まることを思い出してほしい。そして、人生の究極の目的は、あなた自身の成長であり、いったん築き上げた富を維持していくために、どんな問題や障害をも克服できるレベルに到達することである。

富を手に入れる人たちは、常に解決方法を見つけることに専念する。問題が発生すると、解決に向けた戦略と計画を練ることに時間とエネルギーを費やし、問題が再発しないよう新しいシステムをつくり上げる。

成功にも、お金にも見放されるような人たちは、問題そのものに注目する。ああでもない、こうでもないと文句を言うだけで、問題解決に至る発展的な手段は何一つ考えられないし、問題の再発防止など夢のまた夢である。

宣言

「私はどんな問題よりも器が大きい」
「私はどんな問題にも対応することができる」

ミリオネア・マインド行動指針

1「大きな」問題に直面して浮き足立ってしまった時は、自分を指さしながら、「小さい、小さい、小さい！」と言ってみる。それから深呼吸をして、「私ならこの問題を解決できる。それだけの力量がある」と、自分に言い聞かせよう。

2 あなたが抱えている問題を書き出して、それを解決するため、できることを十個選び、一覧表にする。これを、問題そのものに目を奪われるのではなく、解決方法を考える足がかりとする。そうすれば、問題解決の可能性は高まるし、気分もよくなること請け合いである。

金持ちファイル10

金持ちになれる人は、富を受け取るのがうまい

お金に縁のない人は、富を受け取るのが下手である

大多数の人が経済的に恵まれない最大の理由は、「受け取る能力」に問題があることである。

その原因は、いくつかある。まず、自信がなく、自分が十分な富を受け取るにふさわしい人間だと思えないからである。こうした、「受け取る能力」が低い傾向は、私たちの社会に蔓延している。

恐らく、九割以上の人が「自分はふさわしくない」という感覚を持ち合わせているのではないだろうか。

✳自分のあら探しをして〝自己防衛〟する人

ここで、私がセミナーでいつも話していることを紹介しよう。これを聞けば、少しは気が楽になるかもしれない。

自分に価値があろうが、なかろうが、金持ちになることはできる。それほど自分に自信はなくても、裕福に暮らしている人はたくさんいる。

自分に価値があるか、ないかというのはつくり上げられた幻想に過ぎない。自分が意味づけをしない限り、何ものも意味を持つことはない。

あなたの価値を決めるのは、他の誰でもないあなた自身だ。**あなたの考え方一つで、自分の価値は決まる。**あなたが、価値があると言えばある、ないと言えばない。あなたは、そのどちらかを選んで、それに合った人生を生きていくことになる。

これは非常に重要な点なので、もう一度言う。「それに合った人生を生きていく」。それ以上でも、それ以下でもない。

悲しいかな、自分には価値がないと言いたがるのは人間の性《さが》というもので、常に自分のあら探しをすることで自己防衛を試みているのだ。たとえばリスには、そういう性癖は見られない。「今年は木の実を十分集められなかった。これでは冬が越せないかもしれない。僕はなんて駄目なリスなんだ」と、頭を抱えるリスがいたら見てみたいものだ。

私はよく、「普通なら高さ三十メートルになる樫の木が、もし人間の心を持っていたら、三メートルまで伸びればいいほうだ」と言う。つまり自分の価値そのものを高めるよりも、気持ちの持ちようを変えるほうがずっと簡単だということだ。お手軽だし、お金もかからない。とにかく、気持ちを新たにして、自分の価値を認められる生き方をすることだ。

富の原則…… 普通なら高さ三十メートルになる樫の木が、もし人間の心を持っていたら、三メートルまで伸びればいいほうだ。

✳「コインの裏表」の法則

「受け取り上手」になれないもう一つの理由は、昔から「もらうより、与えよ」と言われ続けてきたことにある。これについては、できるだけ優雅に反論を試みたいと思う。

「バカ言ってんじゃないよ！」

冗談も休み休み言ってほしい。そもそもこういうことを言う輩は、人には与えろと言いながら、自分は人からお金なり、物なりをもらいたがる人たちである。

「もらう」と「与える」とは、コインの裏表である。「もらうよりも与えるほうがよい」と言い出した人は、きっと算数が苦手だったのだろう。与える人がいれば、受け取る人がいるし、受け取る人がいれば、与える人がいるのだ。

受け取る側と与える側は、一対一で釣り合っていなければならないし、与えたものと受け取ったものは同じはずだから、その重要性も同じはずである。

しかも、与えるという行為は気持ちのいいものだし、充実感がある。ところが、せっかく与えようとしているのに、相手が渋々と受け取ったらどうだろう。与える側もひどく嫌な思いをするものだ。

つまり、**与えられたものを喜んで受け取らない人は、相手の喜びを台なしにしているのである。**

与える喜びを奪われた相手は、きっと苦々しく思うだろう。なぜなら、与えようとした思いやエネルギーが発散されずに鬱積してしまうからだ。その鬱積したエネルギーは、やがて反感に形を変える。

さらに悪いことには、自分の取り分を受け取らないでいると、その分はよそへ行ってしまう。それが金持ちはより金持ちに、お金に縁のない人はよりお金に縁がなくなっていく理由である。

世の中には何兆ドルというお金が流通しているが、最終的にはどこかへ流れ着いているはずだ。つまり、流れてきたお金を素直に受け取らない人がいると、その人の分は他の人のところへ流れていってしまうのだ。河を流れていく水が、どこへ流れていくという意識などないように、もちろんお金にもそんな意識はない。

提供した価値の〝対価〟はきっちり受け取る

金持ちになれる人はバリバリ働き、その代償（相手に価値を提供したことの対価）を得るのは当然だと考えている。

一方、お金に縁のない人はへとへとになるまで働くが、自分に自信がないばかりに、努力や提供した価値に対して、高い報酬を受け取るのはよくないと思ってしまう。

大多数の人は、「自分たちはお金に縁がないゆえに善良なのだ」と思い込んでいる。お金に縁がない人ほど信心深い、精神性も高いと信じている。

以前、他の人たちが貧しいのを見ると、自分がお金を持っているのが申し訳なくなると言っている老人がいた。そこで、私はいくつかの質問をした。

「その人たちと同じように貧しくなれば、何か役に立てると思いますか。あなたが破産して得をする人がいますか。あなたも食べていかなければならないんじゃないですか。あなたがお金持ちになって、それなりの力を持ち、他の人たちに助けの手を差し伸べたほうがいいと思いませんか」

男性はこう言った。

「ようやくわかってきた気がします。今までいったい何を悩んでいたのか。お金を儲けながら人助けをすればいいんですね。ありがとう」

席に戻る頃には、彼はすっかり別人になっていた。最近もらったEメールには、収入が十倍になって、気分も最高だと書かれていた。経済的に困っている友人の家族を助けることができるのが、何よりうれしいようだ。

重要なのは、**お金を稼げるなら、稼ぐ**ということだ。私たちが暮らしているこの社会は、非常に恵まれた社会である。世界に目を移せば、もっと貧しい社会のほうが当たり前で、大金を手にするチャンスなど知らぬままに一生を終える人も多い。

この本を読んでいるあなたは、恵まれた環境で金儲けができるのだから、自分の境遇を大いに利用し、十分にお金を稼いでほしい。それから恵まれない人を助けるほうが道理にかなっている。

お金は「その人本来の性格」を助長する

世の中には、お金が人を変えると信じている人もいる。金持ちになって、欲ボケの嫌なやつになってしまうことを心配しているのだ。こういうことを言う人は、たいがいお金に縁のない人だ。

ここではっきりさせておきたいことがある。

お金は、その人本来の性格を助長するものだ。意地悪な人がお金を持てば、ますます意地悪になり、親切な人がお金を持てば、ますます親切になる。嫌なやつがお金を持てば、ますます嫌なやつになる。気前のいい人は、心おきなく大盤振る舞いすることができるようになる。

それなのに、お金に縁のない人に限って「お金を手にすると人は変わる」と言いたがるものだ。

富の原則…お金は「その人本来の性格」を助長する。

そこで、受け取り上手になるにはどうしたらいいだろう。

一つは、ほんの雀の涙であろうと、とにかくお金をもらった時は、「これでもか」というぐらいに喜びを表現すること。

おかしなもので、文無しだった頃の私は、道に一セント玉が落ちていても拾う気にもならなかった。ところが、お金に不自由しなくなった今は、一セント玉はもちろん、光るものを拾っただけでも大喜びしてしまう。そして自分の運のよさに感激し、「すごいぞ。私は金を引きつける磁石だ。ありがたや、ありたがや」と叫ぶのである。

富を手に入れたいと思うなら、選り好みせずに何でも受け取る姿勢を持ち、受け取ったものを大切にすることだ。

宇宙は空虚な空間を嫌うため、容量を大きくすると、それに見合ったものが入ってくる。だから、来るものは拒まずという姿勢でいると、人生はより豊かなものになる。

受け取るのが下手な人は、受け取る対象が何であっても、やはり下手である。裏を返せば、受け取るのがうまくなれば、宇宙が与えてくれるあらゆるものを受け取り、人生を豊かなものにできる。

ただ一つ、忘れてはならないのは、**何かを与えられた時には、感謝の気持ちを忘れないことである。**

宣言

「私は受け取り上手だ。大金が転がり込んでくるなら、いつでも諸手を挙げて受け取る」

ミリオネア・マインド行動指針

1 **受け取り上手になる練習をしよう。** 人からほめられたら、必ず「ありがとう」と言うこと。その時、お礼のつもりで相手のことをほめたりしてはいけない。そんなことをすれば、ほめ言葉の価値が半減する。

2 **金額の大小を問わず、お金を受け取ったら、熱狂的に祝杯を挙げよう。** 人目など気にせず、「私は金を引きつける磁石だ。ありがたや、ありたがや」と叫んでもかまわない。道ばたでお金を拾った時、お祝い金をもらった時、税金の還付金や年金のように国からお金をもらった時、給料をもらった時、商売がうまくいってお金が入ってきた時。いつも喜びを表現しよう。

宇宙はあなたのために働くようになっているので、とくにそれが実証された時は「自分はお金を引きつける磁石だ」と必ず宣言していれば、宇宙のほうでも「わかった、わかった」とばかりに、もっとお金を送ってくる。

---

3 自分を甘やかすこと。月に一度は、肉体的、精神的に栄養になることをしよう。マッサージをしてもらうもよし、マニキュアか、ペディキュアをしてもらうもよし。ちょっと贅沢なランチかディナーを楽しんでみたり、週末にはコテージを借りて、ボートで遊んだり、ベッドで朝食などというのもお勧めだ。金持ち気分になれることをしてみよう。すると不思議なことに、身体から金持ちのエネルギー波が放射され、あなたが豊かな生活をしていることが宇宙にも伝わる。そして宇宙は例によって、「わかった、わかった」とばかりに、もっといろいろな金儲けのチャンスを与えてくれるのである。

金持ちファイル 11

金持ちになれる人は「成果」に応じて報酬を受け取る

お金に縁のない人は「時間」に応じて報酬を受け取る

まじめに学校に通って、いい成績をとって、いい会社に就職しなさい。安定した収入を確保し、遅刻せず、まじめに働いて……そうすれば、老後は安泰ですよ。そういうアドバイスをよく耳にする。

できればこれが真実であってほしいものだが、実はこのありがたいアドバイスは、もう今ではおとぎ話以外の何ものでもない。自分自身の人生でも、知り合いの人生でもいいから、ちょっと考えればこれが真実かどうかはすぐわかるはずだ。

ここで私が取り上げたいのは、「安定した収入」の裏にある考え方である。安定した収入はあるに越したことはないが、自分の価値に見合った収入を手にする妨げになっては困る。ところが、現実にはそういうことがままあるのだ。

安定した収入や時間給をありがたがるのは、お金に縁のない人である。毎月毎月、同じ日に、同じ金額を受け取ることで「安心感」を手に入れようとするのだ。ところが、その安心感はタダではない。もしかしたら手に入るかもしれない巨万の富を犠牲にして手に入れたものなのだ。

安心感を求める心理の背後には、恐怖がある。たとえば、出来高制では十分な収入を得られるかどうか不安なので、とりあえず不自由なく生活できるだけのお金をもらえればいいという考え方だ。

金持ちになれる人は、自分の仕事に見合った報酬を得ようとする。そのため、自分でビジネスを展開していることが多い。そして、ビジネスの収益が彼らの収入になる。**金持ちになれる人は、歩合給や利益の何パーセントという形で報酬を受け取る。**金持ちになれる人は、給料を上げてもらう代わりにストックオプションを要求し、利益分配制度を利用する。

それらは決して高収入を保証するものではないが、報酬はリスクの大きさに応じて高くなるのが普通なのだ。

金持ちになれる人は自分に自信があり、自分の価値を知り、その価値をうまく人に伝えるすべを心得ている。お金に縁のない人はそうではないために、「保証」を求めるのである。

時間を〝切り売り〟していないか

先日、ＰＲのコンサルタントと話をしたが、月々四千ドル（四十四万円）で契約したいと言う。四千ドルで何をしてくれるのかと尋ねたところ、その女性コンサルタントは、いろいろなメディアに最低でも毎月二万ドル（二百二十万円）分の広告効果を出すと答えた。

「もしそれだけの成果を出せなかったらどうなるのですか」と尋ねると、結果はどうあれ、それだけの時間をかけるのだから、お金は払ってもらうときた。時間給でコンサルタントを雇う気はなかったので、私はこう提案してみた。

「具体的な成果があれば喜んで払うけれども、結果も出せないコンサルタントになぜそんな大金を払わなければならないのか。結果を出せれば四千ドルと言わず、もっと高い報酬を出そう。たとえば、メディアに広告が出た分の五〇パーセントを君に払うというのはどうだろう。月に二万ドルの広告効果を出すつもりなら、君の取り分は毎月一万ドル（百十万円）ということになる。君の提示額の二・五倍だ」

彼女がこの提案を受け入れたかというと、答えはノーである。彼女は結局、お金に縁がない道を選んだのである。

お金に縁のない人は、自分の時間を切り売りする。ところが、時間は無限ではない。つまり「収入に上限を設けてはいけない」という金持ちのルールにどうしても反することになる。時間で報酬を得ること、イコール、金持ちになる可能性を否定することなのである。

> **富の原則…**時間で報酬を得ること、イコール、金持ちになる可能性を否定すること。

このルールは、時間当たりの報酬が決まっている個人向けサービスにも当てはまる。弁護士、税理士、コンサルタントであっても、まだ事務所の共同経営者になれない人、つまり事業利益の供与を受けられない人は同じである。

たとえば、万年筆の販売代理店が五万本の注文を受けたとしよう。すぐにメーカーに電話をして、五万本の万年筆を手配し、それを客に届けたら、あとは儲けを計算するだけだ。ところが、マッサージ師の場合、そうはいかない。たとえば、なんと五万人のお得意さんが行列をつくってマッサージの順番を待っているとしよう。行列の一番最後で待っている人のところへ行って、「ちょっと時間がかかっているので、あなたの予約は火曜日の三時十五分になります。ただし、今から四十年後です」とにっこり笑って言ったとしても、「わかりました」と納得してもらえる可能性は低い。

個人向けサービスの仕事をするなと言っているわけではない。ただ、自分の複製を何人もつくるか、テコをきかしてビジネス・システムをつくるかしない限り、なかなか金持ちにはなれないということだ。

✴〝固定給〟より〝成果給〟、サラリーマンより独立を

私のセミナーには、自分は能力に見合った報酬をもらっていないと嘆くサラリーマンや時給で仕事をするパートタイマーがたくさんくる。

彼らの訴えに対する私の答えはこうだ。

「恐らくあなたの雇い主は、給料は十分払っているつもりだと思いますよ。どうして固定給ではなく、成果給にしてくれと頼まないのですか。それができないなら、どうして独立しないのですか。そうすれば、自分がどれだけ稼いでいるのか、すぐにわかるじゃないですか」

なぜか、私のアドバイスで彼らの不満が解消されることはない。むしろ自分の「本当

の」市場価値を明らかにすることは、彼らにとって恐怖以外の何ものでもないようである。

自分の仕事に見合った報酬を得ることに対する恐怖心は、昔のプログラミングから脱却することへの恐怖心と同じである。

私の経験では、**「安定した収入」という考え方から抜け出せない人は、ずっとそれが「正常な」報酬の受け取り方だと教え込まれてきたのだ。**

たとえば、親は子どもが安定した暮らしを送れるように願うものだから、収入が不安定な仕事をしていると、「いったい、いつになったらまともに働くつもり」と言ってくる。

私も両親にそう言われた時のことを思い出す。こともあろうに、私の返事は「そんなつもりはさらさらないよ」だった。母は打ちのめされた。しかし父は違った。「そのほうがお前のためだ。就職して、給料をもらっていたのでは金持ちにはなれない。就職するなら歩合制の仕事にしろ。そうじゃなければ、独立するんだな」

私も皆さんに「独立する」ことをお勧めしたい。自分で会社をつくるか、歩合給や利益の何パーセントという形で報酬を受け取るか、ストックオプションや利益分配制度を利用するのだ。

どんな形でもいいから、**仕事の成果に応じて報酬を受け取れるような環境**をつくってほしい。

✳大金持ちのほとんどは〝ビジネス・オーナー〟

私個人としては、どんな人も独立して働くべきだと思っている。大金持ちのほとんどは、自分の会社をつくって富を築いたのである。それに、税務署にがっちりと収入を握られていたのでは、富を築くことはほとんど不可能である。自分の会社をつくれば自動車や家賃、旅費などを経費に計上できる。そのことだけでも、会社をつくる価値はある。

会社をつくって何をすればいいのか思いつかなければ、他人のアイデアを拝借することもできる。最初は委託販売がよい。セールスは、最も割のよい仕事の一つである。うまくいけば、一財産つくれるかもしれない。

フランチャイズで独立するのも手である。世の中にはいろいろなフランチャイズがあって、すぐにでも開業できるように商品とシステムが取りそろえられている。わずかな資金さえあれば、会社をつくるための煩雑な手続きもなしに、代理店として自営業のメリットを享受することができる。

これがピンとくるようなら、フランチャイズは金持ちへの突破口になるかもしれない。ただし、フランチャイズを始めるには、それなりの努力が必要になる。研修を受ける必要があるし、成功するには時間と労力もかかる。しかし、うまくいけば月収（年収ではない）二万～五万ドル（二百二十万～五百五十万円）になることも珍しくない。代理店契約を結べば節税できるし、商品が気に入れば、売り込みにも力が入り、商売が軌道に乗ってかなりの収入に結びつく可能性がある。

もう一つの選択肢は、**「外注」で仕事をすること**である。会社が認めてくれれば、社員としてやっていた仕事を、あなた個人、あるいはあなたの会社に外注してもらえる。サラリーマンではなく起業家として節税できるというわけだ。取引先が増えれば、人を雇って仕事をまかせ、ゆくゆくは経営に専念することもできるだろう。

会社はそんなことを認めてくれないと思うかもしれないが、そうとも限らない。従業員を雇っておくには、それこそ膨大な人件費がかかる。外部に委託すれば、会社は人件費を抑制できるメリットがある。もちろん、あなたは従業員としての給付金や手当を受け取る資格はなくなるが、節税したお金で自分に合った保険や年金などを用意すればいい。

最後に、自分の本当の価値に見合った報酬を得るには、歩合制を選ぶべきだと言いたい。繰り返しになるが、私の父の言葉こそ、本当に役に立つアドバイスだった。

「就職して、給料をもらっていたのでは金持ちにはなれない。就職するなら歩合制の仕事にしろ。そうじゃなければ、独立するんだな」

宣言「私は成果に応じた報酬を受け取る」

ミリオネア・マインド行動指針

1 今の仕事が時間給か、月給の仕事なら、給料の一部だけでも自分の業績と会社の業績に応じて支払われる給与制度を会社に提案しよう。

自分で会社を経営しているなら、従業員の給料と一番取引の多い業者に対する報酬は、本人の業績と会社の業績に応じて支払うようにしよう。

---

2 今の仕事が、成果に応じて報酬が支払われる成果給でないなら、すぐに独立しよう。

初めは副業でもよい。ネットワーク・ビジネスの仕事なら簡単に始められる。知識と経験を生かして、人にものを教える仕事もいい。また今まで勤めていた会社のコンサルタントになるのもいい。ただし、退職した後は時間給ではなく、成果給で報酬を払ってもらうようにする。

金持ちファイル 12

金持ちになれる人は「両方とも手に入れたい」と思う

お金に縁のない人は「どちらか一方だけでいい」と思う

金持ちが暮らす世界は、あらゆるものがふんだんに手に入る。お金に縁のない人の暮らす世界は制限だらけである。この違いは「ものの見方」からくる。

お金に縁のない人と中流階級の人は、いつも満たされない思いでいる。彼らのモットーは、「世の中に十分にものが行き渡ることはない。すべてを自分のものにすることはできない」である。

しかし、私は「欲しいと思うもの」はすべて手に入れられると考えている。

あなたは出世したいですか、それとも家族との時間を大切にしたいですか。両方！

あなたはビジネスに集中したいですか、それとも楽しく遊ぶほうがいいですか。両方！

あなたはお金が欲しいですか、それとも意味のある人生を生きたいですか。両方！
あなたは大金を手に入れたいですか、それとも好きな仕事をしたいですか。両方！

お金に縁のない人はどちらか一つしか選ばないが、金持ちになれる人は両方とも手に入れようとするものだ。

✴〝いいとこ取り〟できる人生を送るコツ

金持ちになれる人はちょっとした創造性があれば、両方の〝いいとこどり〟ができる方法を見つけられることを知っている。今後は、あなたも、どちらかを選ばなければならない場面に遭遇したら、「どうすれば両方を手に入れられるか」をまず考えてほしい。そうすれば、あなたの人生はこれまでと違った展開を見せるだろう。

今まで満たされない思いを抱いていたのが嘘のように、可能性を秘めた豊かな人生が目の前に開けてくるのだ。

これは私たちの人生すべてについて言えることである。

一つ、例を紹介しよう。何カ月か前、私はアリゾナに別荘を買うことにした。候補地のよさそうな物件を見て回ったが、そのあたりで、ベッドルームが三つと書斎のある家だと百万ドル（一億一千万円）は下らないと、どの不動産屋も口をそろえて言っていた。しかし、予算は百万ドル以内で、私は条件を変えるつもりはさらさらなかった。

最近になって、候補地にある家の家主から電話をもらった。まさに私が探していたような家で、値段も二十万ドル（二千二百万円）引きで百万ドル以内に収まった。これもまた意図の力のおかげである。

また、私は昔から両親に、「自分の意に添わない仕事をするつもりはない。**自分の好きなことを仕事にして、金持ちになる**」と宣言していた。それを聞くと両親は、「何を夢みたいなことを言っているんだ。少しは辛抱することも覚えないとだめだ」と言うのが常だった。

「仕事は仕事、遊びは遊び。まず生活できるようになって、余裕ができたら人生を楽しめばいいんだ」

そう言われると、いつも私は思ったものだ。

「そうか、親の言うことを聞いていたら、親と同じになってしまうなあ。それだけは絶対に嫌だ。僕は好きなことをやって、金持ちになるぞ」

それでどうなったかって？　初めはものすごく大変だった。家賃を払って食べていくために、やりたくもない仕事もしなければならなかった。それでも私は「好きなことで金儲けをする」という気持ちだけは失わなかったし、生活のためにやりたくない仕事に固執することもなかった。

結局、**私は自分の好きなことをやって金持ちになる**ことができた。今でも気に入ったプロジェクトを選んで仕事をする方針に変わりはない。一番よかったことは、私のやり方を多くの人に教えられるようになったことである。

✳「お金」と「幸福」の両方を手にしなければ意味がない

ことお金に関して言うなら、どちらか一方を選ぶのではなく、両方を手に入れるという考え方は非常に重要になってくる。

お金に縁のない人と中流階級の人は、お金を稼ぐためには何か他のものをあきらめなければならないと思い込んでいる。その結果、お金はあきらめなければならない何か（たとえば愛情）と比べると、それほど重要ではないという理屈が成り立つわけである。

ここではっきりさせておこう。お金は重要である。しかし、その同じ口で「人生にはお金よりも大切なものがある」と言うのはバカげている。

お金は世の中の潤滑剤である。**お金があれば、人生を謳歌できる。**買いたいものを自由に買い、余暇を楽しみ、生活の質を高められる。しかも、恵まれない人たちを助けることもできる。なんと言っても、お金があれば、お金のことで頭を悩ませ、エネルギーを使い果たすことがなくなる。

もちろん、幸福も重要である。お金に縁のない人と中流階級の人たちは、ここでも勘違いしている。お金と幸福は両立できないから、金持ちになるか、幸福になるか、どちらか一つを選ばなければならないと信じている人が多い。この場合も、プログラミングが間違っているとしか言いようがない。

正真正銘の金持ちは、お金と幸福の両方を手に入れなければ意味がないことをよく理解している。お金と幸福の両方がそろっていなければ、人生は完全ではないのである。

〝もらったケーキ〟は、食べなくちゃ！

金持ちと、お金に縁のない人・中流階級との間には、もう一つ、大きな差がある。金持ちは、「ケーキをもらったら、食べなくちゃ」と思うが、中流階級は、「ケーキは贅沢品だから、小さなのでいい」、お金に縁のない人は、「ケーキなんてとんでもない。ドーナッツでけっこう」と思う。しかも、お金に縁のない人はドーナッツの穴が気になって、空っぽなところは自分と同じだと嘆く。

どちらか一方だけという考え方は、「自分がこれを取ったら、他の人の分がなくなる」という考え方と相通ずるものがある。これもまた、恐怖心からくる自滅型のプログラミングと言える。

自由な人生を生きたいと思うなら、二者択一の考え方を捨て、「両方」を手に入れるという気持ちを持ち続けなければならない。

宣言

「私はお金と幸福、『両方』を手に入れる」

ミリオネア・マインド行動指針

1 「両方」を手に入れるための思考法をマスターする。二つの選択肢があれば、必ずどうすれば両方を手に入れられるかと考える。

2 お金は、他の人に価値をもたらす「天下の回りもの」だと意識せよ。お金を使うたびに、「このお金は多くの人間の手に渡り、その一人ひとりに価値をもたらすのだ」と、自分に言い聞かせる。

……………………………

3　親切で、気前がよく、思いやりがあり、なおかつ金持ちとして、人々の手本になることをめざす。

金持ちファイル 13

金持ちになれる人は「総資産」に注目する

お金に縁のない人は「勤労所得」に注目する

「どのぐらい稼いでいるんですか」と聞く人はいるが、「総資産はどのぐらいですか」と質問する人は、ほとんどいない。

金持ちどうしのパーティでお金の話が出ると、ほぼ例外なく、総資産にまつわる話になる。「ジムは三百万ドル（三億三千万円）以上のストックオプションの権利を行使したらしい。ポールの会社は株式を公開したよ。総額八百万ドル（八億八千万円）というところかな。スーは千二百万ドル（十三億二千万円）で会社を売ったそうだ」という具合である。

「聞いたかい。ジョーは給料が上がったから、家賃補助も上がったらしいぞ」

これは間違いなく、お金に縁のない人の会話である。

富の尺度は総資産額であって、勤労所得ではない。これは昔も今も、そして将来においても変わらない真実である。総資産を計算するには、現金はもちろん、株式、債権、不動産や、もしあれば所有している会社の現在価値、持ち家の評価額をすべて合計し、そこから債務の金額を引けばよい。総資産額が究極の富の尺度になるのはなぜかと言えば、それが最終的に資産をすべて現金化した時の金額だからである。

富の原則…富の尺度は総資産額であって、勤労所得ではない。

金持ちになれる人は、勤労所得と総資産の違いをよく心得ている。勤労所得も大切だが、それは資産を構成する四本の柱の一本に過ぎないのである。その四本の柱を挙げよう。

①所得
②貯蓄
③投資
④節約

金持ちになれる人は、この四つの要素をすべて含んだものが総資産であり、どれ一つをとっても、非常に重要なものだということをよく心得ている。

金持ちになれる人が使いこなす〝四つの武器〟

所得には、勤労所得と不労所得の二種類がある。

勤労所得は、額に汗して得たお金のことで、会社の給料や下請け仕事の手間賃、事業で得た収益などが含まれる。勤労所得を得るには、時間と労力を投資しなければならないが、他の三本の柱の基本となるものでもあり、非常に重要である。

勤労所得は、すべてのお金の流れの源になるものと言える。すべての条件が同じならば、勤労所得が多ければ多いほど、投資や貯蓄に回せるお金も多くなる。たしかに勤労所得は非常に重要なのだが、総資産の構成要素として考えた時に、初めてその価値がものを言うのである。

困ったことに、お金に縁のない人と中流階級の人は、四本の柱のうちの勤労所得だけに目がいってしまうため、総資産額が大きく増えることがない。

不労所得は、働かずに得る所得で、やはり消費、貯蓄、投資に回すことのできるお金である。不労所得については、後でもう少し詳しく述べたいと思う。

貯蓄もまた、なくてはならないものだ。大金を稼いだとしても、それを保持しておかなければ富を築くことはできないからである。

まずお金の源泉となる所得があって、それを貯蓄することができなければ、その先の投資へは一歩も進むことができない。

所得の一部を貯蓄できるようになったら、それを投資に回して、お金を増やすための基礎固めができたことになる。投資がうまくいけばお金はどんどん増え、総資産もふくらんでいく。

金持ちになれる人は、何に、どのように投資するかをよく研究し、優秀な投資家であることを自認しているものだ。自分で投資しない場合でも、優秀な投資家を雇って、お金を投資してもらっている。**お金に縁のない人は、投資は金持ちの道楽ぐらいにしか思っていないため、**投資について勉強しようともせず、ずっとお金に縁のないまま一生を終わる。

もしかすると、四本目の柱は、あなたが思う以上に重要な要因かもしれない。富を築こうとする時、「節約」の重要性に気づく人はあまりいないが、節約と貯蓄は車の両輪の関係にある。まず意識的に生活費を切りつめ、貯蓄を増やすようにすれば、投資に回せるお金が多くなるというわけだ。

✳三十歳にして〝夢のような経済的自由〟を得た女性

ここで、経験談を一つ紹介しよう。

スーは、わずか二十三歳の時に、家を買うという賢い決断をした。当時払った金額は三十万ドル(三千三百万円)以下だった。七年後、不動産市場が過熱し、スーはその家を六十万ドル(六千六百万円)で売却し、三十万ドルの利益を得た。

またもう一軒、家を買おうかと思ったが、ミリオネア・マインド集中講座を受けたことで気が変わり、利回り一〇パーセントのセカンド・モーゲージに投資した。同時に節約生活に徹したおかげで、投資の利益だけで十分暮らしていけるようになった。

三十歳にしてスーは経済的な自由を得たのだ。大金を稼ぎ出したわけではないが、生活費を意識的に切りつめて、自立できるだけの経済力を手に入れた。もちろん彼女は今でも仕事をしているが、それは仕事が好きだからであって、決して生活のためではない。

事実、一年の半分は仕事をせずに、フィジーで暮らしている。それはフィジーが好きだということもあるが、そのほうが生活費が安くすむからでもある。

あなたの周りに、三十歳にして一年の半分を南の島で暮らしている人はいるだろうか。三十歳とは言わないまでも、せめて四十歳、五十歳、さもなければ六十歳までにはそうなりたいものだ。そういうことが可能になったのも、スーが無駄のない、巨万の富を必要としないライフスタイルを身につけたからに他ならない。

「収入」が増えただけでは〝資産〟は増えない

繰り返しになるが、あなたの総資産は四つの柱から成り立っている。言ってみれば、車輪の四つ付いたバスのようなものである。

車輪が一つしかないバスだったら、なかなか前には進まず、乗り心地も悪いし、火花が散り、苦労続きの割には、同じところをグルグル回っているだけだ。思い当たる節がないだろうか。

金持ちになれる人のバスには、四つの車輪がきちんとそろっている。だから彼らは滑らかな走りで、比較的容易に目的地に到達することができるのだ。

私がバスのたとえを使ったのは、成功すると、金持ちは他の人も自分と一緒にゴールまで連れて行こうとするからだ。

お金に縁のない人と中流階級の人は、車輪が一つしかないバスでお金のゲームをやろうとする。彼らは金持ちになったことがないために、お金を稼ぐことだけが金持ちになる道だと思っている。

「出費は収入に比例して増加する」というパーキンソンの法則を理解していない人は、以前より多くの収入を得るようになれば、もっと高級な車を買おう。今より収入が増えれば、もっと大きな家、もっと素敵な服を買い、もっと長い休暇を取る。

一般的に、収入が増えれば出費もそれに伴って増えていく。つまり、収入を増やすだけでは、富を築くことはできないのである。

いったい、金持ちというのは、収入を指して言うのだろうか、それとも総資産額を指して言うのだろうか。何度も言うが、その答えは総資産だ。金持ちになろうと思えば、総資産を増やさなければならないし、所得だけが総資産ではないのである。

そこで、まず、練習をしよう。

紙を一枚用意し、「総資産」というタイトルを書き込む。簡単な表をつくり、ゼロからあなたが目標とする総資産額までの欄をつくり、今日現在の総資産額を書き込む。今後三十日ごとに、その時の総資産額を書き込んでいく。

こうして、自分の総資産額の変化を記録していくことによって、自分がどんどん金持ちになっていくのを確認できる。

忘れてはならないのは、「資産を増やすこと」に神経を集中させることだ。私がいつもセミナーで、「何かに注目すると、そこにエネルギーが流れ込み、よい結果が出る」と言っているのは、そういう意味である。

総資産の変化を記録すれば、そこに神経がいくようになる。神経を集中させることでエネルギーが流れ込み、総資産は拡大するのだ。

優れたファイナンシャル・プランナーの協力を仰ぐのも、資産を増やす一つの手である。プロに貯蓄や投資の方法を教えてもらえば、運用の効率も上がるだろう。

一般的に言って、保険商品や国債しか扱わないプランナーよりも、バラエティに富んだ金融商品を扱っているプランナーのほうがよい。アドバイスをもらううちに、自分に適した商品、得意な運用法がわかるだろう。

宣言

「私は『資産を築くこと』に専念する」

ミリオネア・マインド行動指針

1　資産を構成する「四つの柱」すべてに神経を集中させる。所得を増やし、貯蓄を増やし、投資益を増やし、無駄を省いて生活費を節約する。

2「総資産」計算書を作成する。まず、現在所有している資産のすべてを円に換算し、そこから債務の合計金額を差し引く。四半期ごとに計算書の見直しをすること。

3　本人も成功し、名の知れた企業と仕事をしている優秀なファイナンシャル・プランナーを雇う。有能なファイナンシャル・プランナーを見つけるには、信頼できる友人やパートナーから紹介してもらうのが最良の方法である。

金持ちファイル 14

金持ちになれる人は、お金を「上手に管理する」

お金に縁のない人は、お金を「管理できない」

トマス・スタンリーのベストセラー『となりの億万長者』は、アメリカ中の億万長者を調査し、彼らが富を手に入れた方法を明らかにした本である。

スタンリーが調査から得た結論は、「金持ちはお金の管理がうまい」だった。

金持ちは、お金に縁のない人より特別に賢いというわけではない。ただお金が増えるような使い方をしているだけなのだ。

I部でも述べたが、賢いお金の使い方ができるかどうかは、過去のプログラミングによって決まる。つまり、今、自分のお金を思うように管理できていないなら、過去のプログラミングに問題があると考えられる。

お金の管理法は、心躍る話題ではないかもしれないが、金持ちになるために必ず通る道だということをお忘れなく。

✳不労所得を手にするための〝軍資金〟

お金に縁のない人は、お金をうまく管理できないか、お金にはいっさい関わらないでおこうとする。彼らの言い分は「自由を束縛されるし、だいいち、管理するほどお金を持っていない」である。

しかし、**お金の管理は自由を束縛するどころか、反対に、あなたをもっと自由にしてくれる。**お金をきちんと管理すれば、働かなくてもいいほどのお金を手にできる。これを本当の自由と言わずして、何と言おう。

「管理するほどお金がない」と理屈を言う人は、考え方を一八〇度転換する必要がある。「十分なお金を持てるようになったら管理する」のではなく、「お金の管理をするから、十分なお金が持てる」のである。

「お金に余裕ができたら、お金を管理しようと思う」と言うのは、ちょうど太りすぎの人が、「十キロ体重が減ったら、ダイエットを始めよう」と言うのと同じことだ。いつまでたっても何も始まらない。

まずは、今あるお金を正しく運用すること。そうすれば、お金に余裕が出てくるのである。

宇宙と人間の関係についても、これと同じ理屈が成り立つ。私たちは、親切で、思いやりのある宇宙に生きている。**「今持っているものをうまく扱えることを証明しない限り、それ以上のものは手に入らない」**。これが宇宙の法則なのである。

ほんの少しのお金であっても、きちんと管理する習慣と技術を身につけなければ、大金とは無縁なままである。今、お金をどれだけ持っているかよりも、そのお金をきちんと管理していけるかのほうが、より重要なのである。

ミリオネア・マインド集中講座では、驚くほど簡単で効果的なお金の管理法を教えている。基本を説明しよう。

銀行に口座を開き、収入があるたびに、その一〇パーセント（ただし税金分を引いてから）を「経済的独立用」として貯金に回す。このお金は投資と不労所得を得るための資金として使う。

この口座のねらいは、金の卵を生むガチョウ、つまり不労所得を得ることである。この口座に入れたお金は、投資以外には絶対に使わない。仕事を引退する頃には、元金から得た収益を使うことになるだろうが、こうしておけば資産は増え続け、お金に困ることはないだろう。

☆"月にたった一ドル"が、お金を引き寄せる磁石に！

エマという学生がこんな話をしてくれた。二年前、エマは破産寸前まで追い込まれていた。その時、彼女は私のセミナーを受講し、お金の管理の仕方について勉強した。

私はお金をいくつかの口座に分けるようにアドバイスしているが、「上等じゃない。分けるお金なんかないわよ」と、彼女は思ったという。それでも、毎月一ドルだけを預金口座に入れることにした。

そして私の教えに従って、一ドル（百十円）のうちの十セント（十一円）だけを経済的独立用口座に入れた。「一カ月に十セントで、どうやって経済的に独立できるというのかしら」と彼女は思った。

そこで、毎回、前の月の倍の金額を預金する決心をした。二カ月目は二ドル、三カ月目は四ドル、次は八ドル、十六ドル、三十二ドルとしていったところ、一年後には、二千ドル（二十二万円）以上が貯まっていた。

そして二年がたって、エマの努力がすばらしい成果を上げる日がやってきた。ついに、経済的独立用口座に一万ドル（百十万円）を預けることができたのである。お金の管理をする習慣がしっかりと身につき、ボーナスの一万ドルをそのまま口座に入れられたのだ。

エマは借金も返して、経済的自由獲得への道を邁進中である。それもこれも、一カ月に一ドルしか余裕がなくても、学んだことをすぐ実行に移したおかげである。

現在のあなたの資産状況に関係なく、重要なのは、今あるものをすぐに管理すること。そうすれば、すぐにでも、もっと多くのお金が入ってくるようになる。

「経済的独立用」口座を開くと同時に、「経済的独立用」貯金箱をつくって、毎日お金を入れよう。金額は十ドルでも、五ドルでも、一ドルでも、ジャラジャラする小銭でもかまわない。

金額よりも、**お金を貯める習慣をつけることが大切だ。**毎日毎日、経済的自立という目標に注意を向けることが秘訣である。類は友を呼ぶというが、お金はお金を呼ぶ。何でもない貯金箱が、お金を引きつける磁石に変貌すれば、経済的自由を手に入れる可能性も高まるのである。

✴″幸運をキャッチする力″がつく「遊び用口座」のススメ

恐らく、収入の一〇パーセントを長期的な投資のために貯蓄するというアドバイスは、よそでも聞いたことがあるだろう。しかし私のアドバイスがひと味違うのは、もう一つ別に、「使うため、遊ぶため」のお金を入れる口座をつくるところだ。

お金の管理の最大の秘訣はバランスである。投資し、お金を増やすためにできるだけたくさんのお金を貯める一方で、「遊び用」の口座にやはり収入の一〇パーセントを入れるようにするのだ。

金持ちになろうと血眼《ちまなこ》になって貯金をする人がいるが、そればかりでは精神的につらいだろう。「もうたくさんだ」と魂が訴えかけてくるようになる。

「遊び用」のお金は、主として自分の成長のために使い、普段はしないようなことに使うようにする。たとえば、レストランで最高級のワインやシャンペンを注文する、ボートを一日レンタルする、ホテルの最上級の部屋を借りて大騒ぎをする、というようなことだ。

そして、一銭残らず使い切るというのが、「遊び用」口座を使う時のルールである。月に一度は、金持ち気分を味わうために、「遊び用」のお金は残らず使い果たさなければならない。たとえば、マッサージに行ったとしよう。銀行からありったけのお金をおろして持って行き、カウンターに積んでこう言う。

「さあ、金はこれだけ出すから、そこの二人で念入りにマッサージしてくれ。もちろん、お灸ときゅうりパックも込みでね。マッサージが終わったら、豪華なランチを持ってきてくれ」

節約生活を無理なく継続させるためには、その努力をたたえる意味で、「お楽しみ」の計画を立てて、ちょっとした贅沢を楽しむしかない。「遊び用」口座は、幸運をキャッチする力を高める効果もあるし、お金の管理を楽しいものにしてくれる。

まずは、五つの口座をつくり、目的別にお金を分けるとよいだろう。経済的独立用、遊び用の他に、次のような三つの口座をつくる。

- 自己投資に一〇パーセント
- 必要経費に五五パーセント
- 寄付用に一〇パーセント

適切なお金の管理をしていると、お金が増えるだけでなく、成功も手に入れやすくなる。

そして自分にもっと自信がわいてくる。その自信が人生の様々な場面でプラスに働いて、もっと幸せになり、人間関係もうまくいき、健康も増進と、いいことずくめだ。

お金は人生の重要な部分を占めている。自分の経済状態を自分で管理することができれば、人生はすべてよい方向に向かって動き出すだろう。

宣言

「私はお金をしっかり管理する」

ミリオネア・マインド行動指針

1 銀行に口座を開き、収入があるたびに、その一〇パーセント（ただし税金分を引いてから）を「経済的独立用」として貯金に回す。このお金は投資と老後のための不労所得を得るための資金として使うもので、他には使わない。

2 「経済的独立用」貯金箱をつくって、毎日お金を入れる。金額は十ドルでも、五ドルでも、一ドルでも、小銭でもかまわない。金額よりも、お金を貯めるという習慣を身につけることが大切なのである。毎日、経済的自由という目標に注意を向けることで、望ましい結果を手にできるだろう。

3 「遊び用」の口座を開くか、遊び用の貯金箱をつくって、収入の一〇パーセントを貯金する。「経済的独立用」「遊び用」の他に三つの口座を開き、それぞれの目的に応じて、収入の一定量を入れておく。

- 自己投資に一〇パーセント
- 必要経費に五五パーセント
- 寄付用に一〇パーセント

4 金額に関係なく、今持っているお金の管理をすぐに開始する。「いつかそのうちに」は禁句である。一ドルしかなければ、その一ドルを管理するのだ。まず経済的独立用貯金箱と遊び用貯金箱に十セントずつ入れること。行動を起こすことで、金持ちになる心構えができたことを宇宙に伝えるのである。

金持ちファイル 15

金持ちになれる人は「お金をフル活用する」

お金に縁のない人は「お金のためにフルに働く」

「お金をたくさん稼ぐには、フルに働かなければならない」と思い込んでいる人は多い。

しかし、「お金をフル活用する」ことの大切さを知る人は少ないに違いない。

一生懸命働くことが大事なのはもちろんだが、一人きりで働いていても金持ちにはなれない。なぜかって？

自分の周りを見回してみればいい。数え切れないほどの人が休みなく、朝から晩まで、時には夜が明けるまで働いている。彼らは金持ちだろうか。とんでもない。ほとんどの人は文無しか、それに近い状態だ。

ところが、高級リゾートホテルのラウンジでくつろいでいる人たちはどうだ。ゴルフやテニス、ヨットに明け暮れ、買い物三昧の上、何週間も休暇を取る人は、例外なく金持ちである。

ここではっきりさせておこう。金持ちになるためには、フルに働かなければならないという話はまやかしなのだ。

金持ちは賢い働き方をしているから、長い休暇も取れるし、一日中遊んでもいられる。つまり、テコの効果をよく理解し、活用しているので、小さな努力で大きな効果を上げることができるのだ。そして自分たちの代わりに働いてくれる人を雇い、お金をフルに活用する。

✳お金を稼ぐのは「一生のこと」か、「一時的なこと」か

私の経験では、たしかにお金を稼ぐためには一生懸命働かなければならない。ところが、お金に縁のない人にとっては「一生のこと」が、金持ちになれる人にとっては「一時的なこと」でしかない。

金持ちになれる人は「自分のお金が自分の代わりに仕事をしてくれるようになるまで働けばいい」ことをよく知っている。**自分のお金が有効な働きをすればするほど、自分自身**

は働かなくてもよくなるのである。

お金はエネルギーであることを忘れてはならない。仕事に自分のエネルギーを注ぎ込み、お金のエネルギーをもらう。経済的な自由を手に入れる人は、自分が投資したエネルギーを有効に活用するすべを心得た人たちなのだ。

つまり、何はさておき、**初めはお金を稼ぐためにフルに働き、その後で自分のためにお金をフルに活用するのだ。**

「経済的自由」とは〝不労所得〟が〝必要経費〟を上回ること

お金のゲームとなると、どうすれば勝ち組になれるかという手がかりすら持っていない人がほとんどである。あなたのゴールは何か。いつゲームに勝つのか。目標は一日に三回ご飯を食べることとか、年収十万ドル（一千百万円）か、はたまた、億万長者になることか。

私のセミナーでは、「自分が働きたいと思った時以外は、二度と働かなくてすむようになること」、そして**「働く時は必要に迫られてではなく、自分で働きたいと思った時だけになること」が、お金のゲームの最終目的だと**教えている。

言葉を換えれば、できるだけ速やかに「経済的自由」を手に入れることが目的なのである。私の「経済的自由」の定義は単純で、「お金のために働いたり、誰かに頼ったりしなくとも、自分の好きなライフスタイルを実現できること」だ。

自分の好きなように生きていこうとすると、お金がかかりすぎることが多い。経済的に自由になるには、働かずしてお金を稼げるようになる必要がある。そういう所得のことを不労所得と言うわけだが、お金のゲームに勝つとは、好きなように生きていくための経費を賄えるだけの十分な不労所得を得ることである。

つまり、**不労所得が必要経費を上回る**ことが、経済的な自由を得るということなのだ。

不労所得源には二つのタイプがある。

一つ目は、**「お金を自分のためにフル活用する」タイプ**。これには株式、債権、政府発行の公債、銀行預金、投資信託への投資から得られる収入、さらには、不動産投資などからの収入が含まれる。

もう一つの不労所得源は、**「ビジネスを自分のためにフル活用する」タイプ**。例としては、印税、著作権料、ライセンス料、フランチャイザー、倉庫スペースの所有、自動販売機の所有、ネットワーク販売などが挙げられる。

その他にも、あなた抜きでもお金を稼ぎ出してくれるビジネスであれば、種類を問わず不労所得である。この場合、価値を生み出しているのはあなたではなく、ビジネスだと考えればよい。

とくに、多額の先行投資を必要としないネットワーク・ビジネスは、驚くべき概念だと思う。通常の九時五時の仕事ではなく、こういったタイプのビジネスを考案してはどうだろう。

困ったことに、**ほとんどの人のお金の設計図は、勤労所得がオン、不労所得がオフになっている。**私のセミナーでは、「不労所得を得ることは、まったく正常かつ自然なことだ」と、受講者のお金の設計図を書き換えるお手伝いをする。

直接・間接を問わず、不労所得につながるビジネス・チャンスをものにすれば、勤労所得と不労所得を一挙両得で手に入れられる。不労所得の例をもう一度見直して、可能性を模索してみてはいかがだろう。

〝満たされない思い〟を浪費で補う人たち

金持ちになれる人は長期的な視点を持っている。将来の経済的自由を獲得するための投資と、今を楽しむための出費とのバランスを考えている。お金に縁のない人は短期的な視点しか持っていないため、今がよければそれでいいという生き方をする。

「生活に追われていて、将来のことなど考えられない」という言い訳をよく聞くが、時間はどんどん流れ、「将来」はやがて「今」になる。今抱えている問題は、今のうちになんとかしておかなければ、未来永劫、同じ言い訳を繰り返すしかない。

妻の両親は、二十五年間小さなコンビニを経営し、タバコやチョコレート、アイスクリーム、ガム、ソーダを売って得た収入で暮らしていた。他の店ならどこでも売っている宝くじの販売さえしていなかった。とても、ささやかなビジネスだった。

それでも、彼らは儲けを貯蓄に回し、外食もせず、新しい服も車も買わず、つましく暮らしていた。そしてついには借金を返し、店のあった広場の半分を買い取った。貯金と投資のおかげで、義父はまだ働き盛りの五十九歳で引退することができた。

こんなことは言いたくないが、あえて言わせてもらう。**ただ欲しいからという理由で物を買うのは、失望感から解放されたいがための無駄な努力に過ぎない。**お金もないのに衝動買いしてしまうのは、いわゆる買い物症候群である。

浪費や衝動買いは、日常生活での満たされない思いを補うのが目的であって、何を買うかはどうでもいいのである。もしそのような不満がないのに、衝動買いをしてしまうようなら、それは「お金の設計図」に問題がある。

✳金持ちになれる人は「将来、資産価値を生みそうなもの」を買う

お金を自分のためにフル活用するとは、「貯蓄と投資」を心がけることを意味する。

皮肉な話だが、金持ちになれる人はお金をあまり使わないのに、お金に縁のない人はお金もないのに使いたがる。お金に縁のない人は、短期的な視点しかない。そして、今日の生活のためにお金を稼ぐ。しかし、長期的な視点でものを考える金持ちになれる人は、投資のためにお金を稼ぎ、将来設計にもぬかりがない。

金持ちになれる人は、将来価値が上がって、資産価値を生みそうなものを買う。お金に縁のない人は、将来的に価値が下がるものを買って、出費を増やす。

いわば、金持ちになれる人は土地を買い、お金に縁のない人は請求書を買っているようなものである。

私は自分の子どもにも、いつも「不動産を買え」と言っている。できれば、プラスのキャッシュフローを生み出す不動産が買えるとよいのだが、どんな不動産でも何もないよりはましだ。たしかに不動産はいい時も、悪い時もあるが、五年、十年、二十年、三十年とたつうちに、必ず今よりも高くなるはずなので、それさえあれば金持ちになれるというわ

けだ。

今、買えるものを買っておこう。自己資金だけでは足りないなら、よく知っている、信頼のおける人たちと組んで買うのもよい。不動産で問題になるのは、手を広げすぎた場合と、値下がり時に売る羽目に陥った場合だ。私のアドバイスを守り、お金を正しく管理していれば、その可能性はゼロに等しい。

よく言うではないか。不動産を買う時期を待っていてはいけない。まず買ってから待てと。

お金は「自由の獲得」を任務とする〝兵隊〟

お金に縁のない人は、一ドルには一ドルの価値しかないと考えるが、金持ちになれる人はその一ドルを「種」のように育て、それを元にして何百ドル、何千ドルと大きくしていく。

今日一ドル使えば、それは一ドルの価値しかないが、使わなければ、将来何百ドルにもなるかもしれない。私自身は、お金は「自由の獲得」を任務とする「兵隊」だと思っているので、自分の「自由の戦士」をそう簡単に失うことのないよう、細心の注意を払っている。

大切なのは、勉強を怠らないことだ。投資の世界をもっとよく知ろう。不動産から抵当権、株式、投資信託、公債、銀行預金まで、投資方法や金融商品は様々だ。まずは好きなものを選んで勉強し、知識を身につけてから投資をしよう。そして、だんだんに守備範囲を広げていくとよい。

お金に縁のない人は、一生懸命に働いて稼いだお金を使い果たし、その結果、一生働き続けなければならなくなる。金持ちになれる人も一生懸命に働くが、稼いだお金を貯めて投資に回すので、いつまでも働き続ける必要がないのである。

宣言

「私は自分のお金をフル活用することで、ますますたくさんのお金を手に入れる」

ミリオネア・マインド行動指針

…**1 勉強を怠らないこと。**投資についてのセミナーを受けよう。毎月、少なくとも一冊は投資関係の本や雑誌を読もう。読んだことを鵜呑みにするのではなく、いろいろな投資の可能性があることを肌で感じることが大切なのだ。そこから好きな分野を選んで、専門知識を身につけ、そこから投資を始めよう。

2 勤労所得よりも不労所得にもっと関心を持つ。投資とビジネスの二つの領域で、働かなくとも収入が得られる具体的な戦略を、少なくとも三つは書き出すこと。それぞれの戦略を研究し、行動を開始すること。

3 不動産を買う時期を待っていてはいけない。まず買ってから待て。

金持ちファイル
16

金持ちになれる人は、恐怖に負けず「行動する」

お金に縁のない人は、恐怖で「何もできなくなる」

金持ちになりたいと「考える」人はごまんといる。金持ちになるために瞑想やメンタルトレーニングをする人も多い。

私も毎日のように瞑想の時間をつくっている。しかし、瞑想しながら頭の上にお金の詰まった袋が落ちてくるところを思い描いたりすることはない。

メンタルトレーニングも、瞑想も、すばらしいツールではあるが、私の知る限りでは、それだけでお金がもたらされることはない。現実の世界で成功するには、実際に「行動」するしかない。

なぜ行動がそれほど重要なのだろうか。それは、行動が「あなたの考えていること」と

「望ましい結果」をつなぐ「架け橋」に他ならないからだ。

✳コブラを見たら〝手なずけろ〟

しかし、行動にそれほど重要な意味があるのに、私たちが行動を起こすのをためらう原因は何だろう。

それは恐怖である。

恐怖、疑念、心配は、成功や、幸福の前に立ちはだかる最大の障害である。

金持ちになれる人とお金に縁のない人の最大の違いは、**金持ちになれる人は恐怖に駆られながらも行動を起こそうとするが、お金に縁のない人は恐怖を感じると意気消沈してしまうことである。**

私たちが犯しがちな最大の過ちは、恐怖心が薄らぐか、消えるまで、行動を起こそうとしないことだ。そういう人は、永遠に待ち続けることになる。

真の戦士は「恐怖という名前のコブラを手なずける」と私は教えている。コブラを殺せとは言っていない。コブラを排除せよとも言っていないし、コブラを見たら逃げろとも、もちろん言うはずがない。「手なずけろ」と言っているのがミソである。
成功を手にするのに、必ずしも恐怖を排除する必要はないことを、ぜひ理解してほしい。富を手にした人たちも恐怖を感じることはあるが、そういった感情に圧倒されることはない。一方、成功に縁のない人たちは、恐れや不安によって、身動きが取れなくなってしまう。

シアトルで夜間セミナーを開催した時、間もなくバンクーバーで開催される予定のミリオネア・マインド集中講座の話を紹介した。その時、ある人が立ち上がって、こう発言した。

「家族や友達が十人以上、その講座を受けて、すごい効果があったんです。受講した人はみんな前より十倍も幸せになって、成功に向かってまっしぐらに前進しています。皆、口をそろえて人生が変わったと言います。もしその講座がシアトルで開かれるなら、絶対参加したいと思います」

私は彼の推薦の言葉に感謝の意を表し、一つアドバイスをしてもいいかどうか尋ねた。彼は喜々として、ぜひ聞かせてほしいと答えた。そこで私はこう言った。

「あなたは一文無しでしょう」

それから、今の経済状態について質問した。彼はおずおずと、「あまりよい状態ではありません」と答えた。

「そんなものじゃないはずですよ」と私。そして受講者を前にして、熱弁をふるうことになった。

「もしあなたが、三時間かけて車や飛行機で移動したり、三日かけて歩いて行くのが嫌で、目標を途中で投げ出すとしたら、どうなりますか。何も達成できない、言い訳ばかりの人生になるでしょう。**それは目標が高すぎるからではなく、あなたという人間が小さいからです。**

「簡単なことですが、お金を儲けたいとか、成功を手にしたいと思うなら、戦わなければなりません。どんなことでもやり通す覚悟が必要です。**たとえ何があっても前に進めるようになることが重要です。**

「金持ちになるのは、そんなにお手軽なものではありません。実際、非常な困難を伴います。だからどうだと言うのですか。戦士の原則にはこうあります。『安易な道に逃げると、人生は困難になる。困難に立ち向かう人に、道は拓ける』。金持ちは、お手軽で簡単なことからやろうとはしません。それはお金に縁のない人と中流階級の人たちのやり方です」

富の原則… 安易な道に逃げると、人生は困難になる。困難に立ち向かう人に、道は拓ける。

彼は講義が終わってから私のところにやってくると、「目から鱗が落ちた」と、何度もお礼を言った。もちろん彼は受講の申し込みをした（会場はバンクーバーであったにもかかわらず）。

しかし、もっとおもしろかったのは、帰りがけにくだんの男性が電話で、私が話したことをそっくりそのまま電話の相手に話して聞かせていたことだ。その翌日に、彼は電話で追加で三人分の申し込みをしてきた。しかも三人とも東海岸に住んでいる人だったが、全員、わざわざバンクーバーまでやってきたのだった。

〝不快ゾーン〟をかいくぐるから成長できる

次に、不安についてお話ししよう。たぶん、あなたが今いるところは、不安もなく、快適な状態である。もしも人生のレベルを一段上げたいと思うなら、快適ゾーンから抜け出し、不安感や不快感が起きることにもチャレンジしてほしい。

今の人生レベルを5とすると、5以下のレベルはあなたにとっての快適ゾーンになる。しかし6以上はあなたにとっては未知の「不快」ゾーンである。しかし、より高いレベルをめざすなら、「不快」ゾーンをかいくぐっていかねばならない。

お金に縁のない人と中流階級の人の大半は、あまりこの不快ゾーンに入りたがらない。「快適さ」を過大評価し、最大の関心事においている彼らにしてみれば、当然と言えば当然のことだ。しかし、ここで富と成功を手に入れた人しか知らない秘密を紹介しよう。**快適な暮らしは、ほんわかとした安心感を与えてくれるが、自分自身の成長にはつながらない。**

人間として成長するには、快適ゾーンの範囲から思い切って飛び出さなければならない。実を言えば、**人間が成長する瞬間とは、その人が快適ゾーンからはみ出した時なのである。**

何か新しいことを始める時、あなたはゆったりした気分になるか、それとも不安を感じるか。普通は、不安を感じるだろう。しかし、時間がたつにつれて気分も落ち着いてくるのではないだろうか。

つまり、どんなことでも初めのうちは不安がつきまとうが、そのまま続けていけば快適ゾーンが拡張し、あなた自身も一回り大きな人間になれるのだ。

今後、不安を感じた時は、いつもの快適ゾーンまで後退するのではなく、「自分はきっと成長しているところなのだ」と思って、前進し続けてほしい。

快適さばかり追い求めていると、なかなかリスクを取れなくなる。チャンスを生かすこともできず、人に会うことも少なくなり、いろいろな戦略を試してみようと思わなくなる。快適さを優先すればするほど、ますます恐怖のとりこになってしまうのである。

逆に、グーンと背伸びをして守備範囲を広げれば、より多くの所得、富を引きつけ、自分のものにできる。

不快さゆえに死んでしまう人はいないが、快適の名のもとに抹殺されたアイデアやチャンスは数限りない。快適さばかりを求めると、行動力や成長すらも阻害されてしまう。快適さは諸悪の根元とも言える。

快適さこそが人生最大の目的だと思っている人は、決して金持ちになれないし、幸せにもなれない。これは私が保証する。

ぬるま湯につかって、ああでもない、こうでもないと言っているような生活は幸せとはほど遠い。幸せは、成長し続け、持てる能力を最大限に生かしながら生きていくことによって得られるものなのだ。

✳「役に立つ考え方」を取り入れる〝パワー思考〟

先述したが、**「どんな考えも頭の中に無料で居座っているわけではない」**。この言葉の意味するところは、私たちは消極的な思考に対して、代償を支払っているということだ。お金やエネルギー、時間、健康、幸福度など、代償はいろいろな形をとる。

新しい人生をすぐにでも切り拓きたいなら、役に立たない思考が頭に浮かんだら、「消去」するか、「どうも、ごくろうさん」と言って、もっと役に立つ考え方と交換しよう。

私はこのやり方を「パワー思考」と呼んでいるが、これを習慣にすれば、人生は大きく変わるはずだ。私が約束する。

では、「パワー思考」と「積極的思考」との違いはどこにあるのだろうか。

思うに、積極的思考をする人は、現実はそうではないのに、人生はバラ色だと装おうとする。しかし、パワー思考では、すべてが中立で、**「自分が意味を与えない限り、何ものも意味を持たない」**という前提がある。自分で物語をつくり上げ、それに意味づけをするのである。

これが積極的思考とパワー思考の違いだ。積極的思考をする人は、自分たちの考えていることは真実だと思っているが、パワー思考をする人は、そうではないのである。

宣言

「恐怖に負けずに行動する」
「疑念に負けずに行動する」
「心配に負けずに行動する」
「障害があっても行動する」
「不安があっても行動する」
「やる気がなくても行動する」

ミリオネア・マインド行動指針

1　お金に関して抱く恐れや不安を三つ書き出し、それと勝負する。恐れていることが現実になった時、あなたならどうするか、具体的に書く。大丈夫。きっとあなたは生還できるだろう。だから心配するのはもうやめて、金持ちになろう！

2 快適ゾーンから出る練習をする。自分にとって不快な決断を意図的にしてみる。たとえば苦手意識のある人に話しかけたり、給料や仕事の料金の交渉をする。いつもより早く起きたり、夜中に森を散歩したりする。快適ゾーンを拡大していけば、あなたの行く手を遮るものは、何もなくなるだろう。

3 「パワー思考」を実践する。幸福と成功に直結する思考だけに注意を向ける。「それはできない」「そんなことはしたくない」「そういう気分じゃない」というつぶやきが頭の中で聞こえてきても、そんな臆病で、易きに流れようとする声は断固無視すること。

金持ちファイル17

金持ちになれる人は「何でも学ぼう」と思う

お金に縁のない人は「何でも知っている」と思う

セミナーの最初に、私は必ず、「私は知っている」という言葉の持つ危険性について話をする。では、何かを「知っている」とは、どういうことか。

答えは簡単だ。**経験していれば、知っていることになる。**「聞いたことがある、読んだことがある、話題になったことがある」のは、知っていることにはならない。つまり、今あなたが金持ちでなく、心の底から幸せでないなら、まだまだ成功の秘訣について学ぶべきことがあるはずだ。

文無しだった頃の私は、私の悲惨な状況に同情してくれた父の友人の大金持ちからアドバイスをもらうという幸運に恵まれた。いわく、

「期待したほどの成功を手に入れられないのは、まだまだ君の知らないことがあるからだよ」

私はこの言葉を真摯に受けとめ、「何でも知っている」から「何でも学ぶ」という姿勢で人生に取り組むようになった。それ以来、すべてが変わり始めた。

お金に縁のない人は、自分が正しいことをよく証明したがるものだ。何でもお見通しのような顔をしていて、自分が文無しになって苦労しているのは、運が悪かったか、何かの間違いだ、ぐらいにしか思っていない。

私はよく、「人は正しい人間か、金持ちかのどちらかにはなれるが、その両方にはなれない」と言う。この場合の「正しい」は、古い考え方や生き方に執着することを指している。皆さんが今のような状況にあるのは、そうした考え方や生き方のせいなのだ。

なぜもう一歩〝欲望の原野〟に足を踏み出さないのか

ここで、米国を代表する企業哲学者、ジム・ローンの言葉が、非常に説得力を持ってくる。

「いつもやっていることをやっていれば、いつも手に入るものしか手に入らない」

人は常に学び、成長していかなければならない。物理学では、この世に静止した物体はないと考えられている。命あるものは、常に変化し続ける。植物を見ればわかる。植物は成長が止まると、枯れていく。人間や他の生命体もそれと同じで、成長が止まれば、待っているのは死である。

哲学者エリック・ホッファーの、「学習し続ける者は地球の未来を受け継いでいくが、学ぶ意欲を失った者は博物館の標本になる運命だ」という言葉は私のお気に入りである。つまり、常に学び続けていないと、取り残されてしまうということだ。

お金に縁のない人は、時間的、経済的な理由から、勉強する余裕がないと言う。ところが、金持ちになれる人はベンジャミン・フランクリンの**「教育は高くつくと言うなら、無知はもっと高くつく」**という言葉に共感を覚えるだろう。よく耳にする言葉だが、「知識は力」であり、力とは行動力なのである。

ミリオネア・マインド集中講座でいつもおもしろいと思うのは、受講者の中でも一番破産に近い人に限って、「こんなコースはいらない。俺にはこんなことをする時間も、金もないんだ」と言い出すことだ。それとは逆に、大金持ちと言われる人たちは**「一つでも新しいことが学べるなら、受講する意味がある」**と口をそろえる。

やりたいことも、場合によってはやらなければならないことさえも、「時間がなくて、できない」と言う人は、時間の奴隷である。

成功するために勉強しようにも、お金がないというあなた。勉強こそ、あなたが一番必要としているものではないだろうか。

「お金がないんだ」と言うだけでは、何も解決しない。いつになったらお金ができるのか。二年後、五年後には何かが変わるのか。もちろん何も変わりはしない。そしてあなたはずっと同じことを言い続けるのだ。

成功は努力して身につけられる一番確実な〝技術〟

私が知っているお金を手に入れる唯一の方法は、お金のゲームのやり方を徹底的に勉強することだ。所得を増やし、お金を管理し、効果的な投資をするには、それなりの技術と戦略を身につける必要がある。

来る日も来る日も同じことを繰り返しながら、違う結果を期待するのは、正気の沙汰とは思えない。今までやってきたことが功を奏しているなら、もうすでに富と幸福を手に入れているはずではないか。

成功は、努力して身につけることができる〝技術〟である。どんな分野であれ、努力すれば成功を手にできる。すばらしいゴルファー、あるいはすばらしいピアニストになりたければ、練習すればいい。そして、金持ちになりたければ、そのための方法を身につければいい。

現状がどうかは問題ではない。本当にゴールを達成する気があるかどうかが重要なポイントである。

私はよく、「どんな達人も、初めはドシロウトだった」という話をする。例を挙げよう。以前、セミナーにスキーのオリンピック選手が参加したことがあった。私がこの話を始めると、彼は立ち上がって発言を求めた。その決然とした態度から、私はきっと反対意見を繰り広げるのだろうと思ったのだが、あにはからんや、自分は子どもの頃、近所でも一番スキーが下手くそだったという話を始めたのだ。

「僕は、今ではスキーの達人ですが、たしかに初めはドシロウトでした。しかし、私は学習と努力によって、スキーの世界で成功を収めることができました。次のゴールはお金の世界で成功することです」

生まれながらにして金融の天才という人はいない。金持ちはみなお金のゲームの勝ち方を学習してきた人たちだ。そして、誰でもその仲間入りをすることができる。

✳この〝逆発想〟を叩き直せ

ここで一つ、秘密を明かそう。この秘密を知っている人はあまりいない。

「ずっと金持ちでい続けるためには、自分を磨くことが大切だ」

つまり、自分で自分を「成功する」人間に育て上げるのだ。

「自分が行くところには、必ず自分自身を連れて行け」という言葉がある。自分自身を性格的にも、精神的にも充実した成功人間に育て上げれば、何をやっても自然と成功が転がり込む。完璧な選択ができるようになる。どんな仕事に就いても、どんな投資対象を選んでも成功できる。

レベル5の人間なら、レベル5の結果しか得られないが、自分に磨きをかけて、レベル10の人間になれば、レベル10の結果を出せる。

ただし、一つ忠告しておく。こうした努力をせずに、なんとなく大金が転がり込んだとすると、それは幸運以外の何ものでもない。ということは、手にした富を失う可能性も十分にある。だが、筋金入りの成功人間になったあかつきには、富を手に入れ、増やしていくことができる。

金持ちになれる人は、成功への道は、「まず人間性、次に行動力、最後にお金」という順番だと理解している。

お金に縁のない人と中流階級の人たちは、「まずお金、次に行動力、最後に人間性」と考えている。

お金に縁のない人と多くの中流階級の人たちは、「大金が手に入れば、やりたいことがやれるし、成功した人間になれる」と考えている。

金持ちになれる人は、「成功した人間になれば、やるべきことをやって、お金や自分が欲しいものを手に入れられるようになる」と思っている。

マドンナはなぜ毎年〝自分のスタイル〟を変えるのか

もう一つ、金持ちしか知らないことがある。富を築くとは、「何が何でもお金を稼ぐことではなく、考え得る最高の人間になること」である。人間として成長することこそゴールの中のゴールと呼ぶべきものだ。

世界的大スターのマドンナは、なぜ毎年、自分の「ペルソナ」や音楽、そしてスタイルを変えるのか。この質問に対して、彼女は「音楽は『自我』を表現する手段であり、毎年新しい自分をつくり出すことで、理想の人間に近づけるよう、自分を成長させているのだ」と答えていた。

人は訓練と学習によって、いくらでも変化、成長できる。たとえば、今の私はお世辞にも完璧とは言えないが、それでも二十五年前の私と比べれば、その差は明らかだ。当時の「私と私の財産」と、今の「私と私の財産」の間には、私の成長の軌跡がある。

私がセミナー・ビジネスに携わっているのは、自分自身の経験から、どんな人でも訓練すれば成功できるということを知っているからだ。

金持ちになれる人は必ず〝自分の専門領域〟で一流だ

金持ちになれる人と、お金に縁のない人と中流階級のもう一つの大きな違いは、金持ちになれる人は自分の専門領域を持ち、その分野では一流ということである。中流階級の人は平凡で、お金に縁のない人は平凡以下ある。

会社員として、あるいは経営者として、あなたにはどれぐらいの力量があるのか。自分の能力を計る、公平な判断方法がある。それは給与支払い明細である。それを見ればすべてがわかる。**最高の収入を得るには、最高の人材であらねばならない。**

富の原則…最高の収入を得るには、最高の人材であらねばならない。

プロスポーツの世界では、各選手の能力の差は歴然としている。一般的に、最高の選手が最高の年俸を受け取っているし、CM出演料も一番高い。

これと同じ原理がビジネスやお金の世界でも働いている。経営者であろうと、専門家であろうと、一つだけ確かなことがある。**技術を磨けば、稼ぎも増える**ということだ。もちろん、投資の世界もそうだ。だからこそ、分野を問わず、絶えず勉強し、自分を向上させることが不可欠なのである。

“エベレスト”に登頂する一番確実な方法

また、**金持ちは常に学び続けるだけでなく、必ず先駆者から何かを学ぼうとする**。私自身、「誰」から学んだかによって、大きな違いのあることを痛感している。私は常に、その分野の第一人者（「自称」専門家ではなく、世間一般に通用する実績のある人）に教えを請うようにしてきた。

金持ちになれる人は自分よりも金持ちの人からアドバイスをもらい、お金に縁のない人は自分と同じような境遇にある友人からアドバイスをもらう。

先日、私と取引をしたいという投資銀行家に会った。彼は、手はじめに数十万ドルを預けてほしいと提案してきた。そして私の資産報告書を見せてもらえれば、適切なアドバイスをすると言い出した。私は相手の目を見ながら言った。

「ちょっと待ってください。それは順番が逆じゃないですか。私と契約を結んで、私のお金を預かりたいと言うのなら、まずあなたの資産報告書を私に見せてくれるのが妥当ではないでしょうかね。あなたが本物の金持ちでないなら、そんなものを見ても仕方ないんですけどね」

その男はショックを受けたようだった。それまで契約の条件として、自分の総資産について質問されたことがなかったからだ。

エベレストに登ろうという時に、頂上まで行ったことのないガイドを雇うほどバカげたことはない。何度も登頂に成功し、エベレストを知り尽くした人を探すほうが無難だとは思わないだろうか。

私は、誰もが真剣かつ積極的に学び続けるべきだし、「誰」に教えを請い、アドバイスをもらうかにも注意を払わなければならないと考えている。肩書きだけコンサルタント、コーチ、プランナーで、成功していない人から学べることは、「どうすればお金に縁のない生活ができるか」ぐらいだ。

大金持ちになるための究極の〝自己投資法〟

ところで、私は成功をめざすあなたに、個人的にコーチを雇うことをお勧めしたい。優秀なコーチは、あなたがゴールを見失わないように導いてくれる。また人生の師と仰ぐべきコーチも中にはいるだろう。そういうコーチなら、どんなことでも教えてくれる。そうでないコーチは、私生活、仕事、経済、ビジネス、人間関係、健康などの専門分野を持っている。

雇う前に、コーチの経歴を調べ、あなたが関心を持っている分野で何らかの成果を上げているかどうかを確認しておくべきである。

エベレスト登山と同じで、**高収入を得るにも、短期間で経済的自由と富を手に入れるにも、確実なルートと戦略がある。**それを研究してみて、最終的に利用するかどうかはあなた次第である。

そういう目的があるからこそ、収入の一〇パーセントをぜひ、自分への投資に充てるようにしてもらいたい。そのお金をセミナー、本、テープ、CDなど、自分の勉強のために使うのだ。学校に通うもよし、研修を受けるもよし、一対一でコーチングを受けるもよし。学び、成長するための資金があれば、お金に縁のない人の口グセである「もうわかっているよ」というフレーズを繰り返す必要もなくなる。

宣言

「私は常に学び、成長するための努力を惜しまない」

ミリオネア・マインド行動指針

1　常に成長を心がけること。毎月、お金、ビジネス、自己啓発に関する本を最低でも一冊読むか、教育的なテープやCDを一つ聞くか、お金に関するセミナーを受講する。知識をつければ、自信もつき、大きな成功へとつながっていく。

2　ゴールを見失わないように、個人的にコーチを雇うことを考える。

終わりに……あとは〝魔法の杖〟を楽しみながら振るのみ！

これまで私は何度も言ってきたし、これからも繰り返し言い続けるつもりだが、「口で言うだけなら簡単」で、大切なのは「行動」だ。

この本を楽しく読んでいただけたのならうれしいが、できればここで紹介した原則が、あなたの人生に劇的な変化をもたらすことを望んでいる。しかし、私の経験では、本を読むだけでは何も変わらない。まだスタートラインに立っただけで、現実の世界での成功はあなた自身の行動にかかっている。

Ⅰ部では、お金の設計図というコンセプトを紹介した。経済的な運命は、自らが持っているお金の設計図で決められている。ぜひ、言葉、お手本、トラウマ的体験によって、自分が過去にどのようなプログラミングをされてきたかを理解し、金持ちになれるように設計図を書き換えてほしい。

Ⅱ部では、金持ちになれる人と、お金に縁のない人の「思考法、心の習慣」の違いを、十七項目紹介した。この「金持ちファイル」も頭にたたき込んでほしい。そして、各金持ちファイルの最後にあるミリオネア・マインド行動指針をしっかり会得することが大切だ。「行動指針だって。そんなものにかまってる暇はないんだよ」という、悪魔のささやきに気をつけよう。そういうことを言うのは、あなたを快適ゾーンに引き留め、成長を妨害しようとする自分自身の心に他ならないのである。

これから一年間、月に一度はこの本を読み返してほしい。反復が修得につながる。読めば読むほど、この本で紹介した考え方を自然に受け入れられるようになる。そういう使い方をするために、この本はできるだけ簡潔に書かれている。

この本を最後まで読んでいただいたことに感謝したい。すばらしい成功と本当の幸せがあなたのものとなることを願っている。そしていつか、そう遠くない未来、直接お目にかかれる日を楽しみにしている。

自由を我らに。

ハーブ・エッカー

文中の金額表記は、一ドル百十円で換算してあります（編集部）

訳者解説……「お金のカリスマ」が教える大金持ちになる秘訣

本田 健

本書は、全米一のマネー・コーチとして高く評価されるハーブ・エッカーのベストセラー、*SECRETS OF THE MILLIONAIRE MIND*を翻訳したものです。

著者自身、文字通り資産ゼロから、たった二年半で億万長者に変身した経験を持ち、今はまさに「お金のカリスマ」的存在となっています。

ハーブ自身の「ジェットコースターのような人生」についてはI部に詳しく書かれていますので省きますが、ここで一番重要なのは、ハーブが浮き沈みの多い人生を送る過程で「金持ち特有の思考法」、つまり、「ミリオネア・マインド」の存在に気づくことです。

そして、「ミリオネア・マインドの秘密」を友人、知人に伝えていくうちにそれが口コミで広がり、講師としてあちこちに呼ばれるようになって、大人気セミナー「ミリオネア・マインド集中講座」が誕生します。

アメリカで、今最も注目されている著者で講演家でもある彼は、全米から、ひっぱりだこになっており、そのユーモアに富んだ、情熱あふれる語り口で、聴衆は一瞬にして〝ハーブ・ワールド〟に引き込まれるとのこと。セミナーには、アメリカ国内はもとより、全世界から参加者が詰めかけ、これまでに二十五万人以上の人が受講し、多くの成功者、大金持ちが誕生しています。

本書は、そのセミナーで著者が語っているエッセンスをまとめたものですが、発売と同時に『ニューヨーク・タイムズ』『USA　トゥデイ』『ウォール・ストリート・ジャーナル』などのベストセラー・リスト一位に登場し、多くの話題を集めています。

この本と私の不思議なシンクロニシティ

本書を翻訳するにあたり、こんな不思議なシンクロニシティがありました。

カナダ人の友人から、「あなたと同じようなことを言っている人の本が出た」と、本書の英語版が送られてきました。また、ほぼ同時期にアメリカの友人からメールがきて、「おもしろい本を読んだよ」と本書を勧めてきました。そして数日後、三笠書房から本書の翻訳の依頼がありました。

こういう偶然をシンクロニシティと言うのですが、私はこれをとても大切にしています。この度、本書を日本の皆さんにご紹介する役割を果たすことができるのも、こんな不思議な縁があったのです。

早速、著者のハーブのことを調べ、手に入る講演のCDや、別の著書を取り寄せました。届いたCDを聞くと、そのさわやかな語り口と、発せられるメッセージの切り口の鋭さと深さに感銘を受けました。

ところで、私がぜひ翻訳したいと思ったのは、彼に与え好きな面があったからです。彼は、本書（英語版）の読者全員を無料で三日間のセミナーに招待しています。

私も、小冊子を無料で百万部プレゼントしたり（現在も続行中）、一万二千人を招待して、全国六カ所で無料講演会を開いたりしましたが、アメリカで同じようなことをやっている彼に、大変共感を覚えます。

彼が全国で講演やセミナーをするのは、お金儲けのためではないかと邪推する人もいるかもしれません。しかし、幸せなお金持ちになった人ほど、お金持ちをめざす人に親切に手を差し伸べるものだと私は思います。

私自身、様々なお金持ちに弟子入りして、彼らの無条件の愛と友情に触れてきました。時には、厳しいアドバイスもありましたが、それは、私が自らの力で、人生のピンチを切り抜けられるようにという配慮だったと思います。

著者のハーブが、時には厳しく、時には愛情たっぷりにコーチしてくれているのは、そういう背景があることを知っていただけたらと思います。

✴「お金のカウンセリング」をたくさんやってきてわかったこと

さて、本書のキーワードでもある「お金の設計図」について、「たしかに、自分にもあるな」と思い当たった人もいるでしょうし、「そんなことないよ」と感じた人もいたかもしれません。

私は、会計事務所時代に、税務コンサルティングのかたわら、お金のカウンセリングをたくさんやってきました。その経験から、著者ハーブの説く「お金の設計図」は存在すると確信しています。

たとえば、あるクライアントは、数年間、いつもちょうど二百万円の借金を抱えていました。収入が増えても減っても、二百万円の借金は減らないまま残っていました。一時的に返済するのですが、気がつくとまた元通りで、まるで、本人が決めているかのようでした。

本人に聞いてみると、「借金があったほうが気合いが入って、いい仕事ができる」と言うのです。彼にとっては、ちょうど二百万円の借金がいい動機になっているのです。

また、ジェットコースターのように、お金を稼いでは、失うことを繰り返す人もいました。その人も、話をよく聞いてみると、自分の親がそうしたスタイルの人生を生きていることがわかりました。

人それぞれパターンは違いますが、本人が心の深いところでそうした現状を望んでいるとしか思えないように、収入や資産状態は、その人の一番快適なところにセットされているのです。それは、ハーブがたとえていたように、「エアコンの自動温度調節機能のように」正確なものでした。

あなたの収入や資産状況が劇的に変化するプロセス

「お金の設計図が人生を支配する」というのは本当に恐いくらいで、本書と出会ったことで、この「人生の秘密」に出会えた読者は幸運だと思います。自分の心理、感情を自覚するだけでも、これまでの収入や資産状況が劇的に変化することもあると思います。

著者は「お金の設計図」を書き換えるのに必要なプロセスを書いていますが、ここで私なりの解釈を補足していきましょう。

まず、「お金やビジネスについて学ぶ」ことは、とても大切だと思います。日本人のほとんどが、お金やビジネスのことを全く学ばずに、大人になっています。そのために、多くの人が、お金に翻弄される人生を生きています。

そこで、本書を繰り返し読むのはもちろんのこと、お金やビジネスに関する良書を読むことをお勧めします。また、自分が興味を持つテーマのセミナー、講演会に参加することで、今までとは違う気づきを得ることができると思います。

著者のハーブも、ありとあらゆるセミナーに行き、テープ教材を勉強したと本書で語っていますが、私も全く同じことをしてきました。こうした勉強の過程で、今まで自分をしばっていた小さな価値観の影響を抜け出し、人生を豊かにするための大きな視点が手に入るのです。

次に、「自分の基準を上げる」ことです。それは、自分の人生に何がふさわしいのかというセルフイメージに始まり、収入やつきあう人たちのレベルをアップさせることを意味します。

「自分の五年後の理想の人生はこれだ！」という明確なビジョンを持っている人は、少ないのが現実です。収入も仕事のやりがいも、日常的に自由になる時間も、「この程度でいい」と思うか、「いや、これだけは絶対必要だ！」と思うかで、全然違ってきます。

「そうは言っても、自分をレベルアップさせるのは大変だよ」と思う人も多いかもしれません。とくに、日本人は「こんな理想を持つなんて、自分はわがままなのではないか」と感じることが多いものです。

目標を高く掲げたとたん、「そんなの無理だよ」という疑いの声は、より大きくなるものです。その声は、誰の中にもあります。そして、著者が書いているように、成功できるか、できないかは、その声を聞いてもなお、「行動していけるか、立ち止まってしまうか」によるのです。

何か新しいことをやろうと思ったとたんに、その思いと同じだけマイナスの感情が出てくるのは、自然のことです。その不安や疑いを乗り越えて行動できるかどうかが「鍵」なのです。

〝お金に翻弄されないための知恵〟が凝縮

私は、「お金の専門家」ではありますが、お金持ちになることだけが人生の目的だとは考えていません。しかし、この資本主義の世の中で、お金のことを全く知らなくては、自分らしく生きるのが難しいのも事実です。

「お金に翻弄されないために、お金のことを知る」ことが大切です。本書をきっかけに、お金と自分の関係を見直すことができたら、あなたの人生もゆっくりとでしょうが、確実に変わっていくでしょう。今までより、少しでもお金と健康的につきあえたら、すばらしいことだと思います。

そして、Ⅱ部で紹介される十七の「金持ちファイル」は、お金に翻弄されないための知恵がまさに凝縮しており、一つひとつに「その通りだ!!」と頷《うなず》きました。

たとえば、「金持ちになれる人は『成果』に応じて報酬を受け取る、お金に縁のない人は『時間』に応じて報酬を受け取る」「金持ちになれる人は『お金をフル活用する』、お金に縁のない人は『お金のためにフルに働く』」などは、耳の痛い人が多かったのではないでしょうか。

著者のハーブは、金持ちになりたい人は、自分のビジネスを持ったり、利益配分をもらう契約で仕事をするべきだと言います。そのためには、固定給がもらえる仕事に安住するのではなく、常に相手にメリットを与えられるような仕事のやり方を心がけることが大事でしょう。

たしかに、今の仕事の契約条件をいきなり変えるのは難しいかもしれません。けれど、自分の付加価値を高めたり、人を喜ばせることができるよう普段から準備をしておくことはできるはずで、そうした人には必ずチャンスがやってくるはずです。

また、「金持ちは『何でも学ぼう』と思う、お金に縁のない人は『何でも知っている』と思う」というのにも、深く共感します。「お金に縁のない人ほど、学ばない」という現実を私は目にしているからです。

私は、時々、お金に関するセミナーを開催しています。おもしろいのは、金持ちほど、セミナーの開催を告知した直後にセミナーに申し込んできます。お金に縁のない人ほど、チャンスがあればと言って、なかなか出席しません。

ある時、「セミナーに行きたいけれど、お金がない」と言っていた友人に、無料招待券を送ってあげたことがあります。しかし、当日何の連絡もなく、その人は来ませんでした。後で聞いてみると、急な仕事が入って、来られなくなったということです。大切なチャンスがすぐそこに来ているのに、そのチャンスをつかめないのはもったいないなと思います。

また、金持ちファイルのうち、「大きく考える」「成功者を賞賛する」「両方とも手に入れたいと思う」などは、大きなリスクもありませんし、一切お金がかからないことで、今日からでも始められると思います。
あらゆる分野で行動を起こすことが大事です。最初は、なかなか慣れないことなので、うまくいかないかもしれませんが、やってみると、自分の考え方が変わってくるのを実感できるでしょう。

✳本田健版・金持ち&お金に縁のない人ファイル

また、読んでいるうちに、私もいくつか「金持ちファイル」を思いつきましたので、今から挙げていきます。自分にあてはまるかどうか、チェックしてみてください。

金持ちになれる人は、自分にも周りにも与えるのが好きである
お金に縁のない人は、自分にも周りの人にもケチである

お金に縁のない人は、お金をできるだけ使わないようにしています。自分にも与えないし、周りの人にも与えるということをしません。結果的に、豊かさのサイクルは拡大しないのです。一方、金持ちは自分にも最高のものを与え、周りの人にも与えるのが好きです。

結果的に、回り回って、本人が豊かになっています。

金持ちになれる人は、セミナーに行く
お金に縁のない人は、学校に行く

お金に縁のない人は、安定を求めます。彼らは不安になると、資格という名の〝幻の安定剤〟を求めます。しかし、資格があるから金持ちになれるわけではありません。どちらかと言うと、資格を持つ人は、金持ちに雇われて仕事をする側の人間になります。

金持ちは、自分の専門分野をより極めるために、セミナーに行きます。自分のビジネスに必要な実務知識や成功者の考え方をマスターすることで、無駄な回り道を避けます。彼らは、「知識」ではなく、「知恵」に投資するほうが効率的なのを知っているのです。

金持ちになれる人は、自分の将来や世界の将来を考える
お金に縁のない人は、今の自分のことしか考えない

お金に縁のない人は、未来よりも今の楽しみを優先させます。嫌な仕事の憂さ晴らしの

ために、刹那的な楽しみにお金や時間を使います。その結果、資産を築くこともできず、才能も未開発なまま、時だけが過ぎていくのです。金持ちは、自分の未来にエネルギーを注ぎます。将来のある時から逆算して、今自分が何をやるべきかを考えます。自分の人生に余裕があるので、社会や世界の未来を考えます。金持ちの中に、環境問題に関心を持っている人が多いのは、こういう理由によります。

金持ちになれる人は、お金や成功など、人生がうまくいっているのは、パートナーのおかげだと感謝している
お金に縁のない人は、人生がうまくいかないのは、パートナーのせいだと思っている

これは、いろいろな人にインタビューして実感していることです。

お金に縁のない人は、パートナーが自分の足を引っ張っていたり、夢の実現を邪魔していると感じています。パートナーを責める前に、自分が一〇〇%パートナーを応援しているかどうか、考えてください。

金持ちには、今の自分が幸せで成功できたのは、パートナーのおかげだと感謝している人が多くいます。苦しい時も、パートナーが信じてくれたのをよく覚えているのです。

お金から自由になることの意味

最後に、経済的自由というテーマについて、私なりの考えをお伝えしたいと思います。お金から自由になるというと、多くの人は、たくさんのお金を稼いで、資産を築くことをイメージすると思います。ですが、お金をたくさん持っているだけでは、本当の意味では自由にはなれません。

真の経済的自由は、日常的にお金のことを考えることなしに、好きなことをやっている状態を指します。一生かかっても使い切れない資産をつくり上げても、走るのをやめられないビジネスマンやお金が減ることを心配している資産家は、お金から自由になっているとは言えません。

お金から自由になっている人は、自分が大好きなことを自分のペースでやれる人です。その人の周辺には、切迫感やイライラした感じはなく、平安があります。

私が考える経済自由人は、お金のことをよく知り、自由に稼いだり、使ったりできる人です。そのためには、お金の稼ぎ方や資産づくりはもちろんですが、きれいにお金を使う美学を持っていることが必要になります。

経済自由人になる過程は、知らない人がたくさんいるパーティに行くようなものです。招待状を持っていなくても、堂々とパーティ会場に入っていけばいいのです。話しかけやすそうな人に話しかけ、場に溶け込んでしまうのです。

いったん、そこに入り込めば、誰もあなたが部外者だとは思いません。しばらくは、居心地が悪いでしょうが、そこを乗り越えれば、あなたもパーティの立派な参加者です。そこになじんだら、今度は、きょろきょろしている新米をリラックスさせて、パーティになじめるように手助けしてあげてください。そうやって、豊かさは受け継がれていくのです。

豊かなパーティへの招待状が来ているのに、気づかない人はたくさんいます。それは、ただ単に感性が鈍いからです。えっ？　まだ届いていないって!?　そんなことはありません。だって、本書が、その招待状なのですから。次は、あなたらしく、さわやかに行動に移すだけです。

人生を変えるのに必要なのは、ほんの少しの勇気です。

では、経済自由人が集うパーティ会場でお会いできるのを楽しみにしています。

自由と幸せと豊かさを世界中の人々に!!

SECRETS OF THE MILLIONAIRE MIND
by T. Harv Eker

ミリオネア・マインド
大金《おおがね》持《も》ちになれる人《ひと》

著　者――ハーブ・エッカー
訳　者――本田　健（ほんだ・けん）
発行者――押鐘太陽
発行所――株式会社三笠書房
〒102-0072 東京都千代田区飯田橋3-3-1
電話：(03)5226-5734（営業部）
：(03)5226-5731（編集部）
http://www.mikasashobo.co.jp
印　刷――誠宏印刷
製　本――若林製本工場
ISBN978-4-8379-5662-4 C0030